Nepomuk Riva

Teilnehmende Betonungen

Nepomuk Riva

Teilnehmende Betonungen

Schlüsselszenen musikethnologischer Feldarbeit

Würzburg
University Press

Impressum

Julius-Maximilians-Universität Würzburg
Würzburg University Press
Universitätsbibliothek Würzburg
Am Hubland
D-97074 Würzburg
www.wup.uni-wuerzburg.de

©2024 Würzburg University Press
Print on Demand

Cover: Holger Schilling
Illustrationen: Altrud Nitschke

ISBN 978-3-95826-246-1 (print)
ISBN 978-3-95826-247-8 (online)
DOI 10.25972/WUP-978-3-95826-247-8
URN urn:nbn:de:bvb:20-opus-351057

Eine musikalische Autoethnographie

Die deutschsprachige Musikethnologie folgt in den letzten Jahrzehnten weitgehend der anglo-amerikanischen Tradition anthropologischer Forschung, die den Menschen mit seiner Musikpraxis in seinem sozialen Kontext untersucht. Grundlegende Methoden sind dabei die teilnehmende Beobachtung und qualitative Interviews mit den Akteurinnen und Akteuren darüber, was Musikmachen und Musikhören für sie bedeutet. Als Lehrender versuche ich dies seit Jahren an verschiedenen Hochschulen in Deutschland zu vermitteln, bin aber immer wieder damit konfrontiert, dass die Fachliteratur konkrete Situationen dieser Beobachtungen meist nur am Rande wiedergibt und schnell zu einer sachlichen Beschreibung von Zusammenhängen übergeht. Hinzu kommt, dass viele Studierende noch keine Sensibilität für unterschiedliche Formen des Wahrnehmens, Hörens, Erinnerns und Musizierens entwickelt haben. Um ihnen Theorien verständlich zu machen, bin ich immer wieder darauf angewiesen, die zugrunde liegenden Konzepte anhand eigener Erfahrungen zu veranschaulichen. In den meisten Fällen erhalte ich positive Rückmeldungen auf autobiographische Erzählungen, auch wenn meine Studierenden aus anderen sozialen Milieus kommen und andere Lebenserfahrungen gemacht haben als ich. In solchen Momenten frage ich mich, ob es nicht einer anderen literarischen Form als der Ethnographie bedarf, um Beispiele aus dem Prozess des Musikmachens und des Musikhörens anderen zugänglich zu machen und sie zum Nachdenken über die Bedeutung von Musik in unserem Leben anzuregen.

Gleichzeitig nehme ich in meinem akademischen Umfeld wahr, dass sich viele Kolleginnen und Kollegen mit Themen beschäftigen, die sie aufgrund ihrer persönlichen Interessen und Lebenserfahrungen wählen. Eine Selbstpositionierung nehmen sie in ihren Texten zwar vor, der kulturelle Hintergrund und ihre musikalische Sozialisation bleiben aber oft unerwähnt. Wie können wir den Anspruch erheben, Menschen in den Mittelpunkt unserer Forschung zu stellen, wenn wir von uns selbst oft nur ein unscharfes Bild vermitteln? Es ist oft schwer nachvollziehbar, nach welchen Richtlinien wir entscheiden, was wir aus dem Forschungsfeld und über uns berichten und was wir verschweigen.

Teilnehmen und beobachten. Das klingt einfach, ist aber in der Realität schnell eine komplexe Aufgabenstellung. Die aus der ethnologischen Forschung stammende Methode hat den Anspruch, das alltägliche Zusammenleben von Menschen zu erforschen: ihren Sprachgebrauch und ihre Gesprächskonventionen, ihre wiederkehrenden Tätigkeiten sowie ihre einmaligen Handlungen. Durch eine längerfristige passive, moderate oder aktive Teilnahme sollen

Einblicke in soziale Gruppen gewonnen werden, die durch formale Interviews oder Fragebögen nicht zu erfassen sind (DeWalt/DeWalt 2011). Die dabei angefertigten Feldnotizen, Gesprächsprotokolle, Tagebücher und audiovisuellen Aufzeichnungen dienen als Primärquellen für die anschließende ethnographische Beschreibung. Obwohl die Methode seit der »Krise der Repräsentation« kritisch betrachtet wird – vor allem hinsichtlich der einseitigen Perspektive der Forschenden, nicht thematisierter Vorerfahrungen sowie literarischer Strategien bei der ethnographischen Darstellung – gilt die teilnehmende Beobachtung nach wie vor als Grundlage und Basisqualifikation für alle ethnologisch arbeitenden Studierenden und angehenden Wissenschaftlerinnen und Wissenschaftler (Aktinson/Hammersley 1998, Spittler 2001).

In der Ethnologie gibt es detaillierte Handbücher zur Vorbereitung von Forschungen, zur Orientierung im Feld, zur Datenerhebung durch Beobachtung und zur Verarbeitung der Ergebnisse in wissenschaftlichen Texten (Atkinson 2007, Emerson et al. 2020). In der Musikethnologie hingegen ist die Methode bisher nur in Ansätzen erklärt (Myers 1992, Gilman/Fenn 2019), obwohl es eine ausführliche Reflexion über Herausforderungen bei Feldforschungen gibt (Barz/Cooley 2008, Barz/Cheng 2019). Dabei erfordert gerade die Auseinandersetzung mit Klang und Musik eine besondere Sensibilisierung verschiedener Sinne und Fertigkeiten: Hören, Singen, Sehen, Bewegen, empathisches Miterleben. Einige dieser Kompetenzen muss man wie Sprachen oder Sportarten über Jahre hinweg erlernen und beständig trainieren. Um Unterschiede wahrnehmen zu können, bedarf es im Bereich der passiven Teilnahme zunächst einer theoretischen Vorbildung und eines Bewusstseins für unterschiedliche Klänge, verschiedene Arten des Hörens und diverse Wahrnehmungsmöglichkeiten von Zeit und Raum. Die Auseinandersetzung mit musikalischen Praktiken erfordert darüber hinaus die Fähigkeit, sich aktiv oder zumindest moderat am Musikmachen beteiligen zu können, ein Verständnis für gruppendynamische Prozesse zu haben sowie Grundkompetenzen der musikalischen Kreativität zu entwickeln. Auch der Einfluss von positiven und negativen Emotionen auf die Musikwahrnehmung und die daraus resultierenden Reaktionen müssen den Forschenden bewusst sein. Das ist es, was ich mit dem Neologismus »Teilnehmende Betonungen« ausdrücken möchte. Erst mit der nötigen Vorbildung wird es den angehenden Forscherinnen und Forschern möglich sein, Situationen zu beobachten und zu analysieren, ihnen unbekannte Musikstile zu erlernen sowie die dahinter liegenden theoretischen Konzepte zu begreifen und anzuwenden. Wenn wir Musik dagegen unreflektiert hören, können wir unter Umständen an ihr verzweifeln.

In der deutschsprachigen Auseinandersetzung mit teilnehmenden Beobachtungen und ihrem Niederschlag in Musikethnographien wurden diese Voraussetzungen bislang nur am Rande thematisiert (Näumann/Probst-Effah 2021,

Alge 2021). Dies mag daran liegen, dass Akademikerinnen und Akademiker nur selten bereit sind, ihre musikalische Sozialisation und deren Bezug zu ihrer Forschung offenzulegen sowie persönliche, mitunter emotionale Erfahrungen während der Feldforschung preiszugeben. Der verständliche Schutz der Privatsphäre erschwert es jedoch der Leserschaft, die Aussagen und Interpretationen musikethnologischer Untersuchungen kritisch einzuordnen. Die fehlenden Vorbilder leiten auch angehende Wissenschaftlerinnen und Wissenschaftlern nicht dazu an, ihre eigene musikalische Sozialisation kritisch zu reflektieren. Es macht eben einen Unterschied, ob man ein Insider oder ein Outsider eines Forschungsfeldes ist, wie auch immer die Grenzen zwischen diesen Polen gezogen werden. So waren mir kamerunische Kirchenchöre kulturell und musikalisch zunächst völlig fremd, während ich mit den Inhalten christlicher Musik in Grundzügen vertraut war. Der Erfolg meiner ersten Forschungsreise lag aber an etwas ganz anderem: Durch ausdauernde Wanderungen im Schwarzwald in meiner Kindheit war ich bestens auf eine entbehrungsreiche Feldforschung in einer ländlichen Region Afrikas vorbereitet. Diese Lebenserfahrung ließ sich allerdings nicht aus meiner Doktorarbeit herauslesen.

Das vorliegende Handbuch möchte diese Kluft zwischen wissenschaftlicher Arbeit und individueller Wahrnehmung musikalischer Ereignisse überbrücken, indem es das akademische Schreiben verlässt und sich dem kreativen Schreiben als Erkenntnisweg widmet. Ich wähle dafür die Form einer Autoethnographie. Hierbei handelt es sich nicht um einen Erlebnisroman im Stile des Ethnologen Nigel Barley (1983). Mit der Forschungsmethode wird vielmehr versucht, soziale und kulturelle Phänomene durch eigene Erfahrungen zu beschreiben und zu vermitteln. Dabei werden bewusst keine fertigen Analysen oder Forschungsergebnisse präsentiert. Die Texte sollen für unterschiedliche Lesarten und Interpretationen offenbleiben. Schlüsselerlebnisse stehen in dieser Form der Darstellung im Mittelpunkt, um zentrale Aussagen zu kontextualisieren. Auf diese Weise wird die Leserschaft gezielt in einen Dialog einbezogen, in dem neue Bedeutungen generiert und neue Erkenntnisse gewonnen werden können. Auf der Basis einer experimentellen »arts based research« soll mit den Texten ein performativer Verstehensprozess angeregt werden (Bochner/Ellis 1996). Um den Dialog mit der Leserschaft gezielt zu unterstützen, enthalten alle Kapitel dieses Buches Erfahrungswerte aus der Feldforschung sowie Fragen zur Diskussion und Reflexion. Zusätzlich schlage ich einfache Arbeitsaufgaben vor, die das eigene Handeln und Denken anregen und ähnliche Erfahrungen hervorrufen können. Im abschließenden Kapitel finden sich ausführliche Aufgaben, mit denen Studierende ihre Analyse- und Interpretationskompetenzen überprüfen und ihre Fertigkeiten beim Schreiben von Feldnotizen üben können.

Die Forschungsmethode der Autoethnographie hat neben großem Interesse auch berechtigte Kritik hervorgerufen (Bönisch-Brednich 2012, Ploder/Stadlbauer 2013). Die hier versammelten kurzen Episoden gehen auf autobiographische Erfahrungen zurück. Einige der Erlebnisse habe ich in Feldforschungstagebüchern skizziert. Andere haben mich als persönliche Erfahrungen ein Leben lang begleitet und mein Denken und Handeln immer wieder beeinflusst. Ich habe die Berichte jedoch so abgefasst, dass einzelne Personen nicht mehr erkennbar sind. Die Beteiligten, sofern ich noch in Kontakt mit ihnen stehe, haben die Texte gelesen. Viele der Situationen habe ich darüber hinaus im Freundes- und Familienkreis mehrfach erzählt und offen diskutiert. Besonders Musikerinnen und Musiker bestätigten mir, dass sie vergleichbare Erfahrungen gemacht oder in anderen Situationen ähnliches gedacht haben. Für dieses Buch habe ich die Erlebnisse allerdings an einigen Stellen dramaturgisch verdichtet und auf die dahinterstehende Aussage zugespitzt, um ihnen eine gewisse Allgemeingültigkeit zu verleihen.

In den einzelnen Kapiteln erzähle ich, wie ich vom klang- und musikbegeisterten Kind zum kreativ musizierenden Jugendlichen und schließlich zum forschenden Musikethnologen wurde. Dabei versuche ich, zentrale Themen, mit denen sich mein Fach in den letzten Jahren beschäftigt hat, zu berühren, ohne jedoch die wissenschaftlichen Theorien im Detail zu zitieren. Interessierte finden im Anhang eine Liste mit verschiedenen Publikationen, die mich inspiriert haben.

Diese persönlichen Erzählungen und die subjektiven Bewertungen dürfen kontrovers bleiben. Wenn ich mich an lebhafte Diskussionen mit meinen Hochschullehrerinnen und -lehrern sowie mit Studierenden erinnere, wurden unterschiedliche Standpunkte oft gerade durch solche Beispielgeschichten aus der eigenen Lebenswelt untermauert. Die einzelnen Episoden in diesem Buch stellen so etwas wie meine musikethnologischen Bekenntnisse dar. Ich bin mir aber sicher, dass sie sich verändern werden, wenn der mit diesem Buch beabsichtigte Dialog beginnt.

Inhaltsverzeichnis

1 Musik hören

1.1 Klanglandschaften

**Klänge sind wie Bilder.
Sie halten einen Augenblick,
einen Ort, eine Stimmung fest.
Melodien sind wie Geschichten,
die immer und überall erzählt werden können.**

Wenn ich an meine frühesten musikalischen Erfahrungen denke, fallen mir nicht Melodien ein, sondern Klänge, die eng mit den Landschaften verbunden sind, in denen ich aufgewachsen bin.

Es wird ein warmer Sommertag im Schwarzwald. Schon am frühen Morgen ist der Himmel wolkenlos und strahlend blau. Zum ersten Mal darf ich dabei sein, wenn meine älteren Geschwister mit meinem Vater auf den Feldberg wandern. Sie sind sich nicht sicher, ob ich die lange Strecke durchhalte. Aber so begeistert, wie ich morgens in Shorts und T-Shirt losstürme, kann ich sie schnell von meinen Kräften überzeugen.

Dann, auf dem Rückweg, bricht unerwartet dieses Gewitter über uns herein: Ein tosender Platzregen, der innerhalb weniger Minuten links und rechts Sturzbäche in den Straßengräben entstehen lässt. Krachend schlagen Blitze vor uns ein. Ich bin augenblicklich klatschnass, zittere im unruhigen Rhythmus des Donners und will gar nicht daran denken, dass es noch zwei Stunden dauern wird, bis wir wieder zu Hause sind.

Mein Vater flößt mir in einer Schutzhütte am Wegesrand einen Schluck Kirschwasser ein, aus Angst, ich könnte mir eine Lungenentzündung einfangen. Das ist alles, was er in seinem Rucksack findet, um mir zu helfen. Meine Mutter erzählt uns später, dass sie während des gesamten Gewitters wie ihr Großvater im Bauernhaus am Küchentisch saß und die aufgeschlagene Bibel vor sich hingelegt hatte.

Der Schnaps schüttelt mich und ich lerne, dass man außen frieren und zugleich innen brennen kann. Seit diesem Tag weiß ich, dass ich mich nie wieder für etwas interessieren werde, das nur nach Sonnenschein und Erholung klingt.

In meiner Kindheit erlebte ich auch Situationen, in denen Menschen im Freien musizierten. Ich merkte aber bald, dass sie nicht immer mit den Naturgeräuschen im Einklang standen, auch wenn sie das behaupteten.

Am Wochenende fahren unsere Eltern mit uns in ein Dorf auf der Schwäbischen Alb, wo wir ein Ferienhaus besitzen. Mein Vater will Abstand von seiner Arbeit und dem laufend klingelnden Telefon gewinnen und meine älteren Geschwister sollen im Nachtleben von Stuttgart nicht auf die schiefe Bahn geraten. Während meine Mutter am Sonntagmorgen in die Dorfkirche geht, wo die Frauen noch unten im Kirchenschiff und die Männer getrennt von ihnen auf der Empore sitzen, müssen wir Kinder mit unserem Vater bei Wind und Wetter lange Wanderungen unternehmen. Das soll uns die nötige Bewegung verschaffen, die wir während der Schulwoche angeblich nicht bekommen.

Manchmal gibt es keinen Gottesdienst in der Kirche, dann kommt meine Mutter mit. Wenn wir Kinder müde werden und nicht mehr weiterwollen, beginnt sie uns zu erzählen, wie sie sich als Kind mit ihrer Mutter und ihrer Schwester tagelang in einem Viehunterstand im Benkhöfer Bruch verstecken musste, als die Engländer näher rückten. Man erkannte das daran, dass ein lichterloh roter Horizont immer näherkam. Die Natur habe sie damals vor allem Unheil beschützt, auch wenn sie tagelang nicht schlafen konnten. Solche für uns märchenhaften Geschichten lenken uns bei schlechtem Wetter ab.

Hin und wieder stolpern wir auch auf einer verfallenen Burgruine in einen der »Gottesdienste im Grünen«, die mit Beginn der Umweltbewegung populär geworden sind. Dort singt der Pfarrer zusammen mit seinen folgsamen Gemeindemitgliedern, die alle mit ihren Autos bis zum nächstgelegenen Wanderparkplatz gefahren sind, aus voller Kehle zur Gitarre:

»Herr, deine Liebe ist wie Gras und Ufer,
Wie Wind und Weite und wie ein Zuhaus.«

Lieder, die die Natur spiritualisieren, aber das Gewitter, den Schlamm und den undurchdringlichen Nebel auslassen, sind mir bis heute suspekt. Wer solche Lieder liebt, kennt keine regelmäßigen Sonntagswanderungen.

Musik und Klang konnten für mich in bestimmten Momenten auch aufeinander bezogen sein. Film und Ton mischten sich zufällig mit Klangeindrücken, Gesehenes mit Erlebtem und führten zu einer neuen Sicht auf die Welt.

Stürmischer Nordseestrand auf Borkum in einer kalten Osterwoche, als ich gerade das erste Jahr ins Gymnasium gehe. Seit meine Geschwister nicht mehr mit meinen Eltern in den Urlaub fahren, verbringe ich hier allein mit ihnen einmal im Jahr meine Ferien. Lange Strandspaziergänge im peitschenden Wind, der mir kalte Regentropfen ins Gesicht schlägt. Der Frühling scheint noch in weiter Ferne, und auch der Besuch im beheizten Wellenbad kann meine Laune nicht heben.

In der zugigen Ferienwohnung sitze ich abends an einem Zeichenbrett und entwerfe Fantasiehäuser. Meine Mutter verfolgt das mit Wohlwollen, während sie beschwingte Aquarelle von den Dünen, dem Meer und den Robben malt. Sie hofft, dass ich später Architekt werde und das Studium abschließe, das sie abbrach, als sie heiratete. Mein Vater liest derweil ein Buch mit südamerikanischen Märchen auf der Suche nach ihren erzählerischen Grundformen. Er glaubt, daran die Erwartungen der Menschen an ihr Leben ablesen zu können.

Da sich das Wetter nicht so schnell ändert wie die Gezeiten, beschließen meine Eltern, dass wir gemeinsam ins Kino gehen. Leider läuft nur *Amadeus*, ein Film, den sie eigentlich nicht sehen wollten, um sich ihr Bild von Mozart nicht zerstören zu lassen. Einige Bekannte haben sie vor dem vulgären Lachen des Schauspielers gewarnt. Der Film interessiert mich kein bisschen. Klassische Musik ist doch nur was für alte Menschen.

Aber immerhin ist es besser, als weiter mit meinen Eltern in der Ferienwohnung zu sitzen und mir Vorträge über Märchen anzuhören.

Danach sieht der Strand trotz miesen Wetters plötzlich anders aus. Ich habe kein Problem, bei Ebbe bis vor zu den Robben zu wandern. In der Wohnung entwerfe ich keine Hausgrundrisse mehr. Meine Vorstellung davon, wie das Leben sein kann, was Klänge und Lachen mit einem machen und wie ich eines Tages leben möchte, hat sich gewandelt. Mich mit Frauen unter langen Tischdecken verstecken und kichern, spielerisch leicht am Klavier vor Autoritäten improvisieren und gleichzeitig verzweifelt bis zum letzten Atemzug tiefreligiöse Musik zu Papier bringen – das werde ich als Architekt nie erleben.

Meine Eltern zweifeln zunächst an meiner neuen Begeisterung. Angeblich habe ich erst mit drei Jahren angefangen zu sprechen und das nur, weil ihnen eine Ärztin geraten hatte, mir ein Tamburin zu kaufen. Unregelmäßig trommelnd und singend hätte ich langsam zur Sprache gefunden. Aber nun liegt ein neuer Ruf in der feuchten Nordseeluft, dem ich folgen muss, wohin mich das stürmische Wetter dabei auch treiben mag.

Achtung!

Wenn du ein neues Forschungsfeld betrittst, versuche deine eigenen Geräusche zu minimieren. Lausche den Klängen der Umgebung. In den meisten Fällen besteht ein enger Zusammenhang zwischen der Klanglandschaft und der Musik, die die Menschen in ihr machen.

Nicht immer empfand ich Musik als Fremdkörper in der Landschaft. Es gab auch Augenblicke, in denen die Lautstärke und die Schwingungen so anstiegen, dass sie zum Grundton meines Lebens wurden.

Es ist eines der wenigen großen Open-Air-Konzerte in Stuttgart und war innerhalb weniger Stunden ausverkauft. Das Neckarstadion ist bis auf den letzten Platz gefüllt und die technische Ausstattung verspricht Weltniveau.

Ich sitze an dem sommerlichen Sonntagabend 1989 allein in meinem Dachzimmer bei geöffneten Fenstern, als ich plötzlich den ersten Teil von »Shine on You Crazy Diamond« höre. Das Konzert breitet sich über die ganze Stadt aus, als befände ich mich in einem Film! Ich schaue aus dem Fenster in die Gärten der Nachbarschaft – alle sitzen auf ihren Terrassen und lauschen staunend. Meine Eltern denken zuerst reflexartig, mein ältester Bruder hätte bei offenem Fenster seine Anlage zu laut aufgedreht. Damit zeigen sie nur mal wieder, dass sie von populärer Musik keine Ahnung haben und Rock nicht von Heavy Metal unterscheiden können. Dann begreifen auch sie, dass man diese Musik nicht abstellen kann.

Auch wenn ich mich bislang nicht für *Pink Floyd* interessiert habe, kann ich jetzt nicht anders: Ich sprinte vor die Tür und setze mich auf mein Fahrrad. Ich muss einfach Richtung Stadion fahren, um dieser Musik näher zu sein. Da bin ich nicht der Einzige. Ich treffe Mitschüler, die normalerweise nie mit mir reden. Heute grüßen sie mich und wir fahren zusammen weiter.

Doch vor dem Stadion ist nicht mehr zu sehen als herumliegende leere Pappbecher. Wir hören nur, wie die Zuschauer drinnen lautstark die Songs mitsingen und freuen uns über den Ausnahmezustand, der unser gesamtes Leben für ein paar Stunden in Musik hüllt.

Später am Abend liege ich im Bett und höre im Halbschlaf: »We don't need no education, we don't need no thought control…«

Es ist nicht leicht, am nächsten Morgen wieder in den Schulalltag zurückzufinden. Jetzt weiß ich, dass es Wichtigeres auf der Welt gibt.

Je älter ich wurde, desto weniger ließ ich mich ungefiltert durch Klanglandschaften treiben. Meine Hoffnungen und Sehnsüchte verbanden sich mit den Klängen und verliehen ihnen eine persönliche Bedeutung.

Es ist dunkel und ich lausche den Geräuschen des nächtlichen, sommerlich überhitzten Heidelberger Altstadtlebens, die durch das offene Fenster zu mir dringen. Aus einer Kneipe klingt das stampfende »I Like To Move It«, aus einer anderen das psychedelische »Return To Innocence«. Mein Zimmer ist knapp zehn Quadratmeter groß und bis auf die Matratze, auf der ich liege, kahl und leer. Und doch ist es ab heute der Raum, in dem mein neues Leben beginnen soll. Dass die Bewohnerinnen und Bewohner des Hauses an diesem Abend aus einer großen Runde von Interessierten ausgerechnet mir das Zimmer zugesprochen haben, sehe ich als Zeichen dafür, dass ich hier richtig bin. Auch wenn ich noch nicht genau weiß, was in dieser Stadt aus mir werden soll.

Eigentlich bin ich es gewohnt, in jedem Zimmer, in das ich neu einziehe, zuerst meine Stereoanlage aufzubauen, um den Raum von den Schwingungen der vorherigen Person zu reinigen. Diesmal scheint mir das nicht nötig zu sein. Ich lausche den Gesprächsfetzen und der Musik, die durch die offenen Türen der Kneipe dringen, und freue mich schon darauf, ein Teil davon zu werden.

Manchmal hatte ich sogar das Gefühl, dass aus einer Klangkulisse ein eigenes Werk entstehen konnte. Wenn ich Glück hatte, hörte ich nicht nur zu, sondern war Teil davon.

Auf dem Weg vom Bahnhof zu ihrem Elternhaus auf dem Dorf überholt mich eine ihrer Schwestern auf einem quietschenden Fahrrad. Sie kommt mit Brötchen vom Bäcker und meint schmunzelnd, die anderen würden noch schlafen. Sie macht gerade ein Praktikum im Krankenhaus für ihr Medizinstudium und ist deswegen immer früh wach. Obwohl ich sie nur aus Erzählungen kenne, lädt sie mich ein, auf dem Gepäckträger Platz zu nehmen. Wir fahren an einem Bach entlang ins Tal. Da der Geburtstag der Freundin von mir, die in Heidelberg Chinesisch studiert, in die Semesterferien fällt, hat sie beschlossen, ihn auf dem Bauernhof ihrer Eltern zu feiern und alle ihre Geschwister und Freunde dazu eingeladen.

Die jüngste Schwester hat kurz zuvor Abitur gemacht und unterbricht an diesem Tag ihren Interrail-Urlaub. Am Nachmittag erscheint sie unangemeldet gut gelaunt mit einer englischen Reisefreundin. Jene hatte als Kind einen schweren Unfall mit Chemikalien, der ihr Gesicht trotz vieler Operationen schwer in Mitleidenschaft gezogen hat. Herzergreifend spielt sie auf dem Klavier im Musikzimmer Titelmelodien aus *Forrest Gump* und *The Piano*. Ich höre staunend zu: Halb fasziniert von der Spielerin, halb von der Schwester, die alle Diskriminierungen in europäischen Großstädten mit auf sich nimmt, um dieser Freundin eine halbwegs normale Reise als junge Erwachsene zu ermöglichen.

Der Geburtstag vergeht mit Kuchenessen auf der Sonnenterrasse und frisch gefangenem Fisch aus dem Bach, der das Haus umfließt. Dazu blöken die Ziegen auf der Weide am Berghang unterhalb des Bahndamms. Abends am Lagerfeuer unter den hohen Bäumen im Garten fliegen unterhaltsame Geschichten aus unseren verschiedenen Leben ausgelassen zwischen uns hin und her.

Ich übernachte in ihrem Kinderzimmer bei offenem Fenster, während draußen die Fledermäuse ihre nächtliche Jagd beginnen. Im Halbschlaf frage ich mich, welche der Lebensmelodien der drei Schwestern ich am spannendsten finden soll.

Der Tag ist wie ein wunderbares Trippelkonzert. Nicht spektakulär, aber perfekt intoniert und ohne Störgeräusche.

Entspann dich!

Es macht Spaß, Klanglandschaften zu erforschen. Aber wenn du dich in Gesprächen nur noch auf den Klang und nicht mehr auf den Inhalt konzentrierst, werden dich deine Mitmenschen bald schräg anschauen. Dann mach eine Auszeit!

Schließlich fiel mir auf, dass ich nicht nur den Klängen von Landschaften lauschte. Schon das Hören von Musik mit geschlossenen Augen versetzte mich manchmal in einen Zustand, in dem Welten in mir entstehen konnten.

> Vor lauter Gedanken kann ich nicht schlafen. Ich wälze mich von einer Seite auf die andere, aber die Satzfetzen, die ich mir am Vortag anhören musste, lassen mich nicht los. Wie in einer Endlosschleife laufen sie ab, und mein Kopf versucht immer wieder, Antworten zu finden, damit dieses Zuhören ein Ende hat. Doch die Schlusssätze bleiben mir verwehrt und so beginnt das Band immer wieder von vorne.
> Schließlich stehe ich auf und stelle die Musik an, die zu solchen Situationen passt. Zuerst ist sie mir zu laut, dann klingt sie zu interessant. Obwohl ich sie in- und auswendig kenne, warte ich erneut darauf, wie sie sich langsam entwickelt. Ich will versuchen zu verstehen, wie sie komponiert ist und jedes Instrument im Gesamtklang verfolgen.
> Aber dann sehe ich im Dunkeln, wie sich aus den Klängen Formen erheben, wie aus ihnen Figuren entstehen, die sich spalten und teilen und sich in vielen Farben und Formen fortpflanzen. Ich spüre, wie mich das reinigt und erhebt. Plötzlich bin ich mitten in den Klängen. Wie Schlingen legen sich die Muster um mich, fangen mich ein und schleudern mich in die Höhe, wo die Luft leichter zu ertragen ist. Ich lege mich auf die Seite und werde angezogen. Runde und gewölbte Flächen drücken von allen Seiten auf mich ein und erzeugen ein Feld, in dem ich mich nicht mehr beherrschen kann und mein Eigengewicht verliere. Ich schaue mich um und falle nach oben, greife in die eine Richtung und werde nach unten gedreht, greife in die andere und stolpere rückwärts. Blendend helle Farben umkreisen mich, ich werde Teil des Himmelklangs und falle hörend ins Bodenlose. Im Rausch des Flügelschlags versinke ich, ohne zu ertrinken. Schließlich erreiche ich den Ort, an dem Hell und Dunkel nur noch durch die Lautstärke zu unterscheiden sind.
> Vielleicht ist es das Schwierigste überhaupt, Musik zu komponieren, die einen einschlafen lässt. Bei der man alles vergessen und sich mitreißen lassen kann, weil sie nicht langweilig ist. Ich kenne nur ganz wenige Musikstücke, bei denen ich mich so in eine fremde Welt fallen lassen und dem Klang folgen kann, dass ich erholt aufwache.

Was ist Musik überhaupt? Wie kann ich sie erfassen? Das waren die Fragen, die mich als Kind und Jugendlicher beschäftigten. Wenige Jahre vor der Erstausgabe von Murray Schafers Buch *The Soundscape* geboren, war ich anscheinend ein Kind seiner Zeit, ohne es zu wissen. Meine Freunde kauften sich Schallplatten oder CDs, die sie pausenlos hörten, während sie nachmittags Comics lasen. Ich dagegen war von Klängen umgeben, fühlte mich zu Klängen hingezogen, brauchte Klänge zum Leben – aber war ich deshalb schon Musiker?

Reflexion

Denke an deine erste musikalische Erinnerung.

- In welcher Situation hast du ein Geräusch, einen Klang, einen Rhythmus oder eine Melodie gehört?
- Wie würdest du den Klang deines augenblicklichen Lebensgefühls beschreiben?
- Welcher Zusammenhang besteht zwischen diesen Klangwelten und den Musikszenen, mit denen du dich forschend beschäftigst?

Aufgabe

Höre eine Woche lang keine Musik, kein Radio und schaue kein Fernsehen oder Video. Achte auf die Geräusche in deinem Alltag: in der Küche, im Bad, auf der Straße, bei der Arbeit und in deiner Freizeit.

- Wie musikalisch ist deine Geräuschkulisse?
- Was für Musik beginnst du in deinem Inneren zu hören?
- Kann es sein, dass du nach dieser Woche altvertraute Musik mit anderen Ohren hörst?

1.2 Hörgänge

Siehst du Bilder vor deinem inneren Auge aufsteigen,
wenn du Musik hörst?
Oder kannst du Gefühle wahrnehmen?
Oder weckt Musik Erinnerungen in dir?
Woran sollen wir nur denken,
wenn wir Musik wirklich hören wollen?

Was mich als Jugendlicher verwirrte, war, dass alle um mich herum Musik sofort danach beurteilen konnten, ob sie ihnen gefiel oder nicht. Ich hingegen machte mehrfach die Erfahrung, dass ich das Hören erst lernen musste.

Wir waren ein eingeschworener Kreis Jugendlicher in der Landesbibliothek, schlichen schweigend an den Regalwänden entlang. Nie sahen wir uns in die Augen, bleich und unsportlich, wie wir alle waren. Dafür achteten wir genau darauf, ob der andere vielleicht gerade eine musikalische Entdeckung machte, die wir selbst bisher übersehen hatten.

Bei mir begann es mit der Begeisterung für Mozart. Von da aus war es leicht, sich Beethoven zu erschließen, Haydn sowieso. Zum Barock bin ich nur in kleinen Schritten zurückgesprungen, eigentlich nur zu Händel. Vorwärts ging es mit jedem Lebensjahr die Regale entlang in die Romantik zu Schumann, Schubert und Brahms. In der Oper über Weber zu Verdi. Immer wenn ich mich in eine Epoche ausreichend eingehört hatte, konnte ich mich an die nächste wagen. Auf einmal war ich im 20. Jahrhundert, bei Strawinsky, Bartók und Schostakowitsch.

Die Musikabteilung wurde zu meinem zweiten Zuhause. Dort durfte ich mir kostenlos Gesamtaufnahmen und komplette Symphonie-Serien mit den dazugehörigen Noten ausleihen. So konnte ich nach Lust und Laune zuhören, mitlesen und mitdirigieren. Ich atmete die Werke durch dicke, große Partituren ein, die oft für Aufführungen benutzt worden waren und in denen sich persönliche Notizen und Striche der Dirigenten befanden. Nie wieder erschien mir das Hören und Verstehen der Musikgeschichte so selbstverständlich und als logische Ontogenese wie in dieser Zeit. Ohne äußere Anregung oder Zwang führte mich die Musik allein durch die Zeiten und ließ mich verstehen, was mir gerade guttat.

Ich hatte nur vor etwas Angst: Plötzlich an einen Punkt zu kommen, an dem es nicht mehr weiterging; mit einer Musik konfrontiert zu werden, die ich nicht mehr verstehen konnte. Dieses Ende war absehbar, der Abstand zwischen den Regalen und der Wand wurde immer kleiner. Was käme danach? Außer mir schien keiner der anderen Jugendlichen in der Bibliothek diese drohende Katastrophe wahrzunehmen. Ob ihnen das genügte, was dort zu finden war?

Es gab aber auch den Sprung in eine andere Dimension des Hörens. Eine unerwartete musikalische Konfrontation, die alles auf den Kopf stellte, veränderte meine Vorstellung von dem, wie man Musik wahrnehmen kann.

Die Karte bekomme ich von unserer mürrischen verwitweten Nachbarin geschenkt. Ich wusste bis dahin gar nicht, dass sie ein Abonnement für die Stuttgarter Staatsoper besaß. So ein modernes Stück wolle sie nicht sehen. Außerdem hätte sie von einem Cellostudenten gehört, der mal für einen erkrankten Musiker kurzfristig im Orchester eingesprungen sei.

Der habe während der Aufführung nach zwei Stunden einen Nervenzusammenbruch erlitten. Meint sie es gut mit mir, weil sie täglich mein Klavierspiel hört, oder hofft sie, mich dadurch endlich vom Musikmachen abzubringen?

Doch mit dieser Karte für die Oper *Echnaton* des amerikanischen Komponisten Philip Glass erlebe ich etwas völlig Neues. Vor dem Eingang stehen neben dem üblichen konservativen älteren Opernpublikum in Anzug und Abendkleid auch Schüler in meinem Alter. Daneben treffe ich auf junge Linksalternative mit Palästinensertüchern um den Hals. Da drängen sich auch ältere Männer in weiten weißen Leinenhemden mit grauen Zöpfen am Hinterkopf. Mit Menschen, die ich noch nie im Opernhaus gesehen habe, schaue ich mir mit offenem Mund und Ohren dieses Stück über den ägyptischen Pharao an, der als erster einen monotheistischen Glauben einführte. Nie hätte ich gedacht, dass eine politische Religionsgeschichte so viel stärker auf mich wirken könnte als die leidenschaftlichen Liebesgeschichten, die ich sonst gewohnt war auf dieser Bühne zu sehen.

Ich weiß zunächst nicht, wo ich hinhören soll, bei dieser repetitiven Musik, die sich doch ständig schleichend in Klang, Motivgestalt und Metrik verändert. Ich befinde mich wie in einem Schockzustand, weil ich keinen Halt mehr spüre. Aber mit der Zeit kommt es mir so vor, als hätte ich diese Musik schon einmal geträumt. Ich verstehe intuitiv, dass ich einfach den Augenblick wahrnehmen und genießen soll, der sich immer wieder spannungsvoll dehnt und verkürzt.

Dem bunten Publikum scheint es ähnlich zu gehen. Jedenfalls treffe ich diese fröhliche Mischung in den folgenden Jahrzehnten immer wieder, wenn ich irgendwo in Deutschland eine Opernaufführung von Philip Glass besuche. Sofern ich eine Karte dafür bekommen kann.

Ein anderes Hören erlebte ich auch, als ich ohne Erklärungen mit Musik fremder Kulturen konfrontiert wurde. Dass sich die eigenen musikalischen Erwartungen und ästhetischen Beurteilungskriterien innerhalb kürzester Zeit umstellen können, ist für mich bis heute immer wieder eine überraschende Erfahrung.

Der Grund, warum mein Vater mich als Achtjährigen in den Dokumentarfilm *Von Mao zu Mozart* mitnahm, konnte nur sein, dass meine Geschwister unterwegs waren, meine Mutter bei ihrem wöchentlichen Zeichenkurs und er mich nicht allein zu Hause lassen konnte. Von der Geschichte des Geigers Isaac Stern, der nach der Kulturrevolution durch China tourt und junge Instrumentalistinnen in klassischer westlicher Musik unterrichtet, konnte ich unmöglich etwas verstehen. Da wir ohne Fernseher aufwuchsen, war die visuelle Kraft des Films für mich allerdings überwältigend. Was war das für eine Welt, in der klassische Musik mal verboten war und die sich jetzt danach sehnte, sie aufzuführen?

Jahre später, als ich mit einem Schulfreund den dreistündigen Spielfilm *Lebewohl, meine Konkubine* im Kino sah, kehrte mein Staunen über diese so andere Welt zurück. Diesmal quälte ich mich in der ersten Stunde durch den ungewohnten Stil der Peking-Oper, versank in der zweiten wie betäubt in den fremden Klängen, Farben und Tänzen, um mich in der dritten immer mehr für die ausgefeilte Artistik, Gestik und die Kostüme zu begeistern, die mit Gesang und Begleitung eine ästhetische Einheit bildeten.

Als mein Freund dann auf der Heimfahrt im Auto ein Hitradio einschaltete, dachte ich nur: Was für eine langweilige und belanglose Musik, die wir ständig nebenbei hören. Das Unbekannte bringt einen in Schwung!

Achtung!

Langer Musikkonsum kann dazu führen, dass du dich wie ein Kamel vor dem Wüstenritt auftankst. Musik kann dich aber auch berieseln und von den Problemen ablenken, die du lösen solltest. Triff deine Entscheidung klug und stelle die Lautstärke richtig ein!

Relativ früh wurde ich damit konfrontiert, dass es Musik gibt, die zwar harmlos klingt, vor der man sich aber in Acht nehmen muss. Ein Gespür dafür zu bekommen, welche Aufführungsorte ich besser meiden und wo ich weghören sollte, war für mich ein wichtiger Lernprozess.

Für mich ist es ein Seemannslied, in das ich mich gut hineinversetzen kann, seit ich, wie alle meine Freunde, »Die Schatzinsel« gelesen habe. Unser Musiklehrer wählt es immer wieder aus, weil man es nicht nur singen, sondern auch grölen kann. Bei diesem Lied machen wirklich alle in der Klasse mit.

»Wir lagen vor Madagaskar
Und hatten die Pest an Bord.
In den Kesseln, da faulte das Wasser
Und täglich ging einer über Bord.
Ahoi, Kameraden, ahoi, ahoi!«

Die Melodie geht mir nicht mehr aus dem Kopf. Also singe ich sie, als ich nach Hause komme, laut im Treppenhaus, weil es dort so schön hallt. Sofort reißen meine beiden Brüder ihre Türen auf und schreien mich an: »Bist du verrückt?« - »Das Lied darfst du nicht singen! Papa hat es verboten.« - »Weißt du nicht, dass das ein Soldatenlied aus dem Weltkrieg ist?« - »Das will er in diesem Haus nie, niemals hören.«

Ich verstehe die Welt nicht mehr. Was soll an diesem Lied gefährlich
sein? Aber da meine Brüder sonst nicht so mit mir reden, muss es sich
um etwas Ernstes handeln. Ich frage lieber gar nicht erst nach.

Wenn ich es mir recht überlege, könnte etwas dran sein. Mein Vater mag
kein Gegröle. Er liebt das Landleben, aber um Dorffeste und Bierzelte mit
Blasmusik macht er einen großen Bogen. Er interessiert sich brennend
für Politik, besucht aber nie eine Wahlkampfveranstaltung. Er erforscht
alle möglichen Sport- und Bewegungsarten auf der Welt, schaut sich aber
nie einen Wettkampf in einem Stadion an.

Er spricht nie mit mir über diese Situation. Hat er mich vielleicht gar
nicht singen gehört? Auf jeden Fall erfahre ich nicht, was er Schreckliches
mit dem Lied verbindet.

Irgendetwas überträgt sich durch die Reaktion meiner Brüder auf mich:
Sei vorsichtig, wenn Massen Lieder grölen. Intuitiv halte ich mich von
politischen Demonstrationen ebenso fern wie von Fußballspielen oder
anderen Massenveranstaltungen, die allzu ekstatisch für oder gegen etwas singen. Es geht nicht darum, dass ich mich in Massen nicht wohl-
fühle. Es geht um die Menschen, gegen die diese Lieder gerichtet sind.
Was soll Gutes dabei herauskommen, wenn Menschen grölen:
»Haut drauf, Kameraden, haut drauf, haut drauf.«

Mit der Zeit gab es auch Musikstücke, die ich besonders verehrte, aber dennoch
nicht ständig hören wollte. Im Gegenteil, Werke verlieren für mich von ihrer
Aura, wenn sie zu oft gespielt werden.

Ich fühle mich gerade so gebrochen, dass ich ernsthafte Musik brauche,
um mich wieder innerlich zu sammeln. Aber seit einer Weile schon stehe
ich ratlos vor meinem gut gefüllten CD-Regal.

Da ist eine Aufnahme von Schönbergs *Ein Überlebender aus Warschau*,
für die ich viel Geld ausgegeben habe. Aber die höre ich höchstens einmal
im Jahr. Ich kenne kaum ein anderes Werk des 20. Jahrhunderts, in dem
moderne Komposition, Text und Geschichte so kongenial zusammenfal-
len, dass die komplexe Musik einfach und logisch erscheint. Allerdings
brauche ich die entsprechende Ruhe und innere Ausgeglichenheit, um
mich davon mitreißen zu lassen. Es muss mich packen, aber nicht über-
wältigen, wenn der Chor auf dem Höhepunkt des Geschehens in das
»Schma Israel« einstimmt.

Ich lasse meinen Blick weiter schweifen und entdecke Brahms' *Ein deutsches Requiem*. »Selig sind, die da Leid tragen, denn sie sollen getröstet
werden.« Ich frage mich: Wer singt hier für wen? Wollte Brahms sein
Lebensleid ausdrücken? Singt der Chor für die Zuhörer, um sie über ihr
Leid hinwegzutrösten? Oder spreche ich mir beim Mitsingen und Mitfie-
bern selbst Mut zu, um über erlittenes Leid hinwegzukommen? Für dieses Stück muss ich bereit sein, den Zwiespalt widerstreitender Emotionen

auszuhalten. Ansonsten höre ich nur angenehme romantische Klänge und kann mich nicht auf das Geschehen einlassen, das darin verborgen liegt.

Ein paar Zentimeter weiter steht Eric Claptons *Unplugged*-Album. Bei »Tears in Heaven« muss ich den ganzen Schmerz meines Lebens abrufen können, um mich in seinen Schmerz einzufühlen, wenn er mit ein paar gebrochenen und verschliffenen Tönen auf der Gitarre den Verlust seines Kindes betrauert. So einfach und universell kann Verletzlichkeit klingen! – Aber das ist nicht das, was mir im Augenblick Halt geben kann.

Den Moment, diese Meisterwerke zu hören, spüre ich, wenn mir ihre Textzeilen in den Sinn kommen oder ich innerlich bestimmte Takte daraus höre. Dann muss ich mir die Zeit nehmen, diesem Drängen meiner Seele nachzugehen. Es ist wie mit den indischen Ragas. Sie entfalten ihre Wirkung nur, wenn man sie zur richtigen Tages- und Jahreszeit hört.

Da wird mir endlich klar, dass ich die CD, die ich gerade benötige, gar nicht besitze. Dass es sie vielleicht auch gar nicht gibt. So setze ich mich nur aufs Sofa und lausche aufmerksam, bis es still wird in mir.

Durch konzentriertes Hören passierte auf einmal etwas Unerwartetes: Ich konnte dieselbe Musik auf verschiedene Arten wahrnehmen. Mein Gehör spezialisierte sich von selbst auf eine Weise, die mir keiner recht erklären konnte.

Dass ich in den letzten Wochen wieder mehr Klavier gespielt habe, fällt mir auf, als ich im Konzertsaal sitze, einem Symphonieorchester zuhöre und die Noten des Solopianisten vor meinem inneren Auge vorbeiziehen sehe. Es ist lustig, wie die Töne auf und ab tanzen und dann wieder verschwinden. Mit Spaß folge ich den Modulationen und Tonartwechseln mit ihren *b*s und #n. Es ist wie die Freude, in einer großen anonymen Menschenmenge plötzlich bekannte Gesichter zu entdecken und Blickkontakt mit ihnen aufzunehmen.

Aber es hat auch seinen Reiz, wenn es anders ist. Wenn ich eine Zeit lang nur über Musik lese und mir Bilder dazu anschaue, höre ich wie zuvor. Dann kann ich mich einfach den Gefühlen hingeben, die in den Klängen zum Ausdruck kommen. Dann passt sich meine Atmung dem Metrum an, die Melodien beginnen, mich durch die Zeit zu führen. Meine Schulter- und Brustmuskulatur spannt sich bei rhythmisch drängender Musik an und entspannt sich wieder bei weit ausholenden Phrasen. Bei auskomponierten Orchesterkollisionen stockt mir der Atem, bei Klangauflösungen falle ich erschöpft in meinen Sitz zurück.

Leider lässt sich dieses unterschiedliche Hören nicht steuern. Es ereignet sich einfach. Der Abend ging nicht gut aus, als ich mich das erste Mal mit einer Freundin, für die ich mich interessierte, zum gemeinsamen Konzert verabredete und sie sich ganz ihren Gefühlen hingab, während ich nur Noten vor dem inneren Auge ablaufen sah.

Entspann dich!
Ich bin froh, dass ich Menschen kenne, die mir ab und zu sagen: »Ey, leg mal eine andere Platte auf.« Meistens haben sie
recht. Dann erzähle ich zum x-ten Mal Geschichten, die keiner
mehr hören will.

Schließlich konnte ich manchmal die Klanglandschaft bestimmter Orte kaum ertragen. Es gab Zeiten, da musste ich mir meine eigene Hörumgebung erschaffen,
um meine Sinne vor der Alltagsrealität zu bewahren.

Im Kühlschrank herrscht gähnende Leere und auch in den Schränken ist
nichts Essbares mehr zu finden. Es wird mir nichts anderes übrigbleiben,
als in den Laden um die Ecke zu gehen. Dabei würde ich lieber in Ruhe
in meinem Zimmer bleiben, ohne mich den Menschen und ihren Launen
unten auf der Straße auszusetzen. Ich weiß genau, dass ich danach eine
halbe Stunde brauchen werde, um mich von der Kaufhausmusik, all der
Werbung und dem Überangebot zu erholen und wieder konzentriert lesen zu können.
In solchen Momenten hilft nur eines: Kopfhörer auf, Wagners *Ring ohne
Worte* einlegen und los!
Wenn sich die Hörner wütend aufbäumen, die Streicherklänge sich einen
Weg in die Höhe suchen, um dann schmerzlich wieder zurückzufallen,
wenn sich aus den Klängen Wellen auftürmen, die nicht mehr zu brechen
sind und immer höher und höher toben – dann ertrage ich die vielen
Regalreihen mit den Tausenden von kaum unterscheidbaren Produkten
in den Kisten, die Tiefkühlfächer mit den klinisch verpackten Lebensmit-
teln, die auf Paletten gestapelte Ware und das künstliche Licht, unter dem
selbst verdorbenes Gemüse noch frisch aussieht.
Wie in einem Traum schwebe ich durch die schnell hochgezogene Ein-
kaufshalle aus Stahl, Glas und Beton und bin froh, dass ich von all dem,
was um mich herum passiert, nichts mitbekomme. Die plumpe Werbung
auf den Plakaten und die aufdringlichen Sonderangebote vor der Kasse.
Die genervten Gespräche der Menschen, die sich darüber beschweren,
dass die Zigaretten, mit denen sie sich vergiften, schon wieder teurer geworden sind. Ich habe nur Mitleid mit der Kassiererin, die den ganzen
Tag lustlos einen Kunden nach dem anderen abfertigt. Mein höfliches
Nicken nimmt sie gar nicht wahr. Erleichtert verlasse ich den Laden und
hoffe, so schnell nicht wiederkommen zu müssen.
Für mich ist das eine der wenigen Situationen, in denen Wagners Musik
wirklich funktioniert.

Während für alle Personen in meiner Umgebung das Hören etwas war, worüber sie nicht nachdachten, blieb Musik für mich etwas, das besondere Aufmerksamkeit erforderte. Gleichzeitig erschienen mir die verschiedenen Formen der Wahrnehmung spannender als der immergleiche Musikkonsum meiner Freunde. Mantle Hoods Begriff der »Bi-Musikalität« lernte ich so, ohne damals etwas davon gehört zu haben, allein durch das Hören kennen. Klänge nahmen immer mehr Raum in meinem Leben ein. Aber was sollte ich damit anfangen?

Reflexion

Wir besitzen nicht alle eine Begabung fürs Musizieren, aber fürs Hören. Es ist uns oft nur nicht bewusst.

- Welche Klangelemente erkennst du besonders gut, wenn du Musik hörst?
- Warum kannst du von bestimmten Klängen nicht genug bekommen?
- Bestimmt hast du schon mal eine Fremdsprache gelernt. Hast du auch gelernt, fremde Musik zu hören? Was ist dein Rezept dabei?

Aufgabe

Geh auf die Straße und sammle die Gegenstände ein, die du dort findest: Blätter, Stöcke, Papier oder Müll. Höre zuhause dann deine Lieblingsmusik und versuche aus den Gegenständen eine Partitur zu bauen.

- Wie würdest du die Funktionsweise deines Notationssystems erklären?
- Kannst du aus dieser Notation anderen berichten, was du gehört hast?
- Lege deine Notation einer Person vor und bitte sie, zu singen oder zu spielen, was sie sieht. Wie gefällt dir das Ergebnis?

1.3 Zeiträume

**Die eine Musik kann dich verjüngen und du fängst an zu tanzen.
Die andere lässt dich altern und du wirst beim Zuhören weise.
Aber immer wirst du auf der Suche nach der Musik sein,
in der die Zeit stillsteht.**

In meiner Kindheit erklang Musik von Schallplatten oder wurde aus Noten gespielt. Sie wurde aus einem festen Material auf unterschiedliche Weise wieder in
einen zeitlichen Ablauf überführt. Dass es auch andere Formen der Tonkonser-
vierung geben könnte, konnte ich damals nur ahnen.

> In unserem Wohnzimmer lag ein Perserteppich mit kunstvollen Mus-
> tern, die mich als kleines Kind verwirrten. Ich wusste nicht, was sie be-
> deuteten, und wünschte mir lieber einen Teppich mit Blumen oder Tie-
> ren. Nur eines bereitete mir unendlich viel Spaß: Ich stellte mich in seine
> Mitte und drehte mich um die eigene Achse, bis die Muster vor meinen
> Augen zu Farbstrichen verschwammen. Wenn ich das Gleichgewicht
> verlor und auf den Boden fiel, blieb ich glücklich liegen, bis ich wieder
> wusste, wo oben und unten war.
> Nun erfahre ich kürzlich von einem iranischen Kollegen, dass die Frauen
> und Männer, die diese Teppiche knüpfen, Lieder singen, um sich die
> kunstvollen Muster einzuprägen. Dass sie auch ihr Leid und ihre Freude,
> die sie während der langen Arbeit an einem großen Teppich erleben, sin-
> gend in den Stoff einweben. Das ganze Kunstwerk ist eine Partitur der
> Menschen, die es später verkaufen müssen und nie erfahren, auf welchem
> Boden es eines Tages liegt.
> Habe ich das als Kind vielleicht gespürt und versucht, diese Musik tan-
> zend wiederzubeleben, ohne sie singen zu können?

Ein seltsames Gefühl bekam ich, wenn vertraute Menschen in meiner Umgebung
zu singen begannen. Es erschien mir dann, als würden sie damit ein Tor zu ihrer
Vergangenheit öffnen, in das ich ansonsten nicht blicken konnte.

> Meine Eltern höre ich nur an Heiligabend singen. Wie aus dem Nichts
> können sie dann mehrere Strophen von »Es ist ein Ros' entsprungen«
> auswendig. Vor dem mit Kerzen erleuchteten Baum müssen wir alle
> Weihnachtslieder mit ihnen anstimmen, bevor wir unsere Geschenke
> öffnen dürfen. Wir lernen diese Lieder zwar auch in der Schule, aber ich
> kann mit meinen Eltern nicht mithalten, obwohl ich sie nie für diesen
> Abend üben höre.
> Weihnachten ist ohnehin eine erzwungene Harmonie. Meine Mutter ist
> an den Tagen davor mit all den Vorbereitungen von morgens bis abends
> hektisch beschäftigt. Mein Vater denkt, er müsse beim Weihnachts-
> baumaufstellen handwerkliche Fähigkeiten unter Beweis stellen, die er
> nicht besitzt. Wir Kinder machen uns zu ihrem Ärger über diese Aufge-
> regtheit lustig, sollen dann aber still um den Weihnachtsbaum sitzen und
> singen.
> Es ist mir peinlich, meine Eltern so erleben zu müssen. Für meinen Vater
> ist Musikhören ansonsten eine rein intellektuelle Beschäftigung, die er
> nur nachdenkend genießen kann; meine Mutter hört in der Küche einen

Hausfrauen-Radiosender, zu dessen Musik sie abends heimlich allein tanzt. Ich bin froh über jedes Weihnachten, an dem wir nicht Besuch bekommen, der meine Eltern singen hört. Mein Vater hat dann eine so tiefe, voluminöse Stimme, wenn er »Es kommt ein Schiff geladen« anstimmt. Als würde ein Märchenerzähler am Lagerfeuer Geschichten von Männern vortragen, die in der Ferne von ihrer Heimat träumen, die sie unwiederbringlich verloren haben. Von der nüchternen Strenge, mit der er uns ansonsten versucht, unter Kontrolle zu bringen, ist nur noch wenig zu hören. Die Stimme meiner Mutter dagegen klingt bei »Tochter Zion« plötzlich viel jugendlicher und verletzlicher als die bestimmende, die ich aus den täglichen Gesprächen und dem Austragen von Meinungsverschiedenheiten kenne. Als würde sie wieder von ihrer Jugendzeit und gemeinsamen Segelbooterlebnissen mit Schulfreunden auf dem Dümmer-See träumen.

Ich stammele dann die Textzeilen, die mir beim Singen einfallen, und versuche, zwischen der hohen Stimme meiner Mutter und der tiefen meines Vaters meinen eigenen Ton zu treffen. Das ist nicht nur musikalisch schwierig. Ich bin verunsichert, auf einmal etwas aus dem Leben meiner Eltern zu erahnen, das aus der Zeit stammt, bevor ich auf die Welt kam. Wie kann ich dazu beitragen, dass in meinem Leben niemals so große Unterschiede zwischen meiner Sprech- und Singstimme liegen?

Außerhalb der Familie konnte mich eine gemeinsame Praxis durchaus mit anderen verbinden. Beim Mithören hatte ich dann das Gefühl, dass Klang nicht von einem Ort ausging und sich in alle Richtungen ausbreitete. Vielmehr wurde ich Teil eines größeren Ereignisses, das Räume überspannen konnte.

Unter Klassenfahrt in der Oberstufe hatte ich mir eigentlich etwas anderes vorgestellt, als freiwillig Kunstdenkmäler zu besichtigen. Am vorletzten Tag unserer Reise nach Rom habe ich aber das Gefühl, dass es mir guttun wird, in der Nachmittagshitze einmal ohne meine Mitschüler eine Kirche zu besuchen. Die reden sowieso nur wieder über Fußball oder prahlen damit, welche Programmiersprachen sie schon beherrschen und dass sie später bestimmt Elektrotechnik, wenn nicht sogar Luft- und Raumfahrttechnik studieren werden.

Ich habe allerdings nicht bedacht, dass hier freitags um 15 Uhr eine Messe gefeiert wird. So stehe ich plötzlich nicht mehr als Tourist, sondern als Gemeindemitglied im Kirchenschiff und kann mich nur schnell und unauffällig in eine Bankreihe drücken. Trotz mehrerer Jahre Lateinunterricht verstehe ich kein Wort von dem, was der Priester vorne redet. Doch plötzlich fangen alle an, etwas zu murmeln und zu flüstern, dessen Rhythmus mir bekannt vorkommt. Das muss das Vaterunser sein, so wie es gemeinsam gesprochen wird. Ich stehe mitten im Klang und höre verschiedene Stimmen gleichzeitig: die starken und die schwachen, die hohen und die tiefen, die leidenden und die abgestumpften, die gläubigen und die zweifelnden. Ohne einander anzusehen, sprechen alle den gleichen Text. Und plötzlich merke ich, wie meine Lippen die deutschen Entsprechungen zum Italienischen formen. Schmunzelnd stelle ich fest, dass auch hier »dein Wille geschehe« durch eine Pause von »wie im Himmel, so auf Erden« getrennt wird. Vom Satzbau her ergibt das keinen Sinn, nur vom Rhythmus.

Als eine Glocke zu läuten beginnt, fällt mir ein, dass gerade die Sterbestunde Christi gefeiert wird. Wie an vielen Orten der Welt am Freitagnachmittag. Könnte ich von einem Satelliten aus den Klängen der Welt lauschen, wäre es möglich, all diese Feiern wie eine La-Ola-Welle rund um den Globus zu verfolgen.

Ich achte kaum darauf, was ich da inhaltlich vor mich hinspreche, aber ich spüre in dem Augenblick dieses Band der Verbundenheit, das alle Entfernungen und Grenzen vergessen lässt. Ich kann die anderen Gemeinden der Welt zwar nicht hören, mache aber gerade mit ihnen eine Art Weltmusik. Vielleicht lerne ich eines Tages Personen kennen, die gerade in diesen Weltklang mit einstimmen und die besser zu mir passen als die aus meiner Klasse, mit denen ich die Woche hier verbracht habe.

Achtung!

Es gibt Orte, die dir mit Musikbeschallung das Gefühl geben, dass die Zeit wie im Flug vergeht und du dich dabei amüsierst. Höre nicht hin oder besser noch: Steck dir was in die Ohren! Sie wollen dich verführen!

Als ich zu studieren anfing, lernte ich endlich Menschen kennen, denen Musikmachen so wichtig war wie mir. Allerdings waren die Eindrücke ganz anders, als ich erwartet hatte. Meine bisheriger Musikkosmos wurde aufgerissen und ich flog erst mal orientierungslos im Raum.

In dem Haus ist Musik in den Wänden. Im Saal im Erdgeschoss probt am Mittwochabend ein Studierendenorchester, am Donnerstag ein kleiner Chor. Die Klänge dringen gedämpft bis in mein WG-Zimmer. Zum Glück spielt am Montagabend die Band eines Mitbewohners im Keller. Sie ist lauter, aber stört mich so nicht, wenn ich abends noch lernen muss. Meine direkte Zimmernachbarin übt nachmittags ab und zu Klarinette. Im Notfall muss ich dann meine Stereoanlage lauter drehen, um sie zu übertönen. Richtig nervig ist nur der Klavierspieler, der manchmal vorbeikommt und am Flügel im Erdgeschoss die Titelmelodie von »Pippi

Langstrumpf« in allen 12 Tonarten übt. Ruhe gibt es eigentlich nur am
frühen Sonntagmorgen. Das wirkt dann beinahe schon gespenstisch.

An einem Herbstabend taucht ein schwarzhaariger Chemiestudent auf
und fragt, wer mit ihm spontan improvisieren wolle. Er stellt einen Stuhl-
kreis um den Flügel und beginnt in einer Phantasiesprache zu tönen. Ich
versuche, auf den Klaviertasten Klänge zu finden, um ihn passend zu begleiten. Bald tauchen eine Flötistin und eine Hornistin auf. Sie steigen in
das musikalische Gespräch ein und antworten souverän auf seine klanglichen Provokationen. Ein traumähnlicher Abend voller Wechselspiele
entsteht, mit gemeinsam geschürter Erregung und aufmerksamem Zuhören und Nachspüren. Wir vergessen völlig, wie es draußen und im Saal
immer dunkler wird. Ganz im Austausch der Klänge und Rhythmen waren uns Metrum und Tempo völlig verloren gegangen.

Unerwartet, wie er gekommen ist, verschwindet der Student wieder. Die
nächste Orchesterprobe kommt mir langweilig vor, als ich wieder in meinem Zimmer über meinen Büchern sitze und für eine Klausur lerne.
Macht diese Art des Lernens überhaupt Sinn?

Mit der Zeit fing ich an zu begreifen, dass verschiedene Musikstile unterschiedliche Zeit- und Raumwahrnehmungen erzeugen wollen. Nicht der Kompositionsstil entscheidet, ob wir die Musik mögen, sondern unsere Bereitschaft, uns in
diese Welten zu begeben.

Eine Studienfreundin fragt mich, ob ich mit ihr ein Konzert für Neue
Musik im Wasserturm besuchen möchte. Sie macht diesen Sommer ein
Praktikum bei den Organisatoren des Berliner *Ultraschall*-Festivals und
bekommt die Karten günstiger. Wir kennen uns erst seit einem Semester,
aber bei Neuer Musik weiß man ja nie, was einen erwartet.

Dann stehe ich neben ihr in dem dämmerigen Raum, lausche den Werken für klassische Instrumente und Live-Elektronik und weiß nicht, worauf ich eigentlich hören soll. Es kommt mir so vor, als würde ich von
Klängen überschüttet; als versuchten die Rhythmen mich von den Fin-
gerspitzen aus im ganzen Körper zu elektrisieren; als flögen die Motive
auf mich zu, um mich zu durchdringen. Diese Musik hat keinen Bezug
zur Vergangenheit, sie kommt aus irgendeiner ungewissen Zukunft auf
mich zu.

Wir dürfen, wenn wir wollen, während des Konzertes durch den Raum
wandeln, uns auf verstreut aufgestellte Bänke setzen oder auf Matratzen
auf dem Fußboden legen. Nirgendwo kann man dieser Musik, die sich
einem entgegen schleudert, aus dem Weg gehen.

Ich beginne zu schwanken und greife, um mich irgendwo festzuhalten,
unbedacht nach ihrer Hand. Das erwidert sie mit einem festen, warmen
Druck. Sie scheint etwas aus den Klängen zu ziehen, das sie innerlich bewegt. Dabei hat sie mir vorab erzählt, dass sie in Norddeutschland auf

einem Bauernhof aufgewachsen und erst vor kurzem mit dieser Musik in
Kontakt gekommen ist. In welcher Position möchte sie das Konzert nun
mit mir zusammen anhören?

Nach zwei Stunden stehen wir wieder vor der Tür, mitten im sommerlichen Szeneviertel. Ich sehe Menschen, die sich lautstark an den Restau-
ranttischen auf dem Bürgersteig unterhalten, während Autos quiet-
schend um die Ecke biegen und von wütenden Radfahrern angeschrien
werden. Jugendliche sitzen lachend mit ihren Bierflaschen am Straßenrand oder laufen mit überquellenden Eiswaffeln bewaffnet in Richtung
Mauerpark. Ich fühle mich, als wäre ich wie rein gewaschen und abgefüllt
zugleich. Die Berliner Realität spielt sich weit weg von mir ab.

Was für eine Vorstellung, jetzt noch mit ihr hier auszugehen! Was sollen
wir auf diesem anderen Planeten? Es ist wahrscheinlich ein Fehler, mich
jetzt von ihr zu verabschieden. Aber dieses Konzert muss ich erst einmal
allein verdauen.

Bei anderen Aufführungen fühlte ich mich fest in Raum und Zeit verankert, aber
der Klang schien sich zu bewegen. Als handele es sich um ein Lebewesen, das wie
ein Vogel durch den Raum schwebt, auch wenn man ihn nicht sehen kann.

Ein Freund von mir, der Stadt- und Regionalplanung studiert, erzählt
mir von einer Kirche, deren Turm im Krieg zerstört wurde. Sie wird seitdem nicht mehr genutzt und ist nur noch für ein paar Veranstaltungen
im Sommer geöffnet. Ob ich ihn zu einem Konzert für Percussion dort-
hin begleiten möchte?

Wir finden uns auf verstaubten, alten Kirchenbänken wieder, von denen
wir hoffen, dass sie unser Gewicht noch aushalten, können aber keine
Musiker im Altarraum ausmachen. Nach einer Weile entdecken wir
sechs Schlagzeuger in allen Ecken der Kirche.

Mein Freund macht mich noch begeistert auf besondere Muster und Re-
liefs an den Säulen aufmerksam, als die Musik einsetzt. Alle Schlagzeuger
beginnen zunächst mit einer Geräuschkulisse, aus der kaum etwas anderes als Lärmen herauszuhören ist. Dann nehme ich jedoch hinter mir in
einer Ecke des Raumes rhythmisch wiederkehrende Muster wahr, die
kurz darauf eine Ecke weiter wandern. Bald höre ich sie neben mir, kurz
darauf vor mir und dann wieder auf der anderen Seite. Gleichzeitig bewegen sich andere Rhythmen in entgegengesetzte Richtung durch den
Raum und kreuzen sich mit den ersten. Und das alles, während die zugrunde liegende Geräuschkulisse beständig weiterläuft.

Ich weiß nicht mehr, wo ich hinhören und hinsehen soll und berausche
mich nur an dem Spiel. Mein Freund schaut dagegen bedrückt zu Boden
und flüstert mir nach einer Weile zu: »Tut mir leid, ich muss raus. Ich
halte das nicht länger aus. Klingt wie eine Bombennacht!«

Ich bleibe ungerührt sitzen, um die Rhythmen auf ihren Bahnen nicht zu stören. Soll er doch bald die Architektur des »Neuen Berlins« planen. Ich staune lieber, wie solche Musik einen zerstörten Raum wieder zum Leben erwecken kann!

Entspann dich!

Was dir Menschen im Interview nicht innerhalb einer Stunde erzählen, werden sie auch nicht in zwei Stunden tun. Aber vielleicht an einem anderen Ort oder zu einer ganz anderen Uhrzeit. Hab Geduld: Beim Musikmachen kommt es auf Timing an.

In der Schule und an der Universität haben wir immer fast nur Partituren analysiert. Diese Aufgabe blieb mir stets ein Rätsel. Wie kann man glauben, einen Klang, der sich dreidimensional im Raum ausbreitet und nur in der Zeit entsteht, auf einem zweidimensionalen Blatt darstellen zu können?

Das Streichquartett spielt am Ende der Beerdigung meiner Tante eine Fuge von Bach. Das scheint mir dem Anlass und ihrer Persönlichkeit angemessen. Sie liebte zeitlebens Barockmusik. Trotzdem fällt es mir schwer, jetzt an gemeinsame Erlebnisse mit ihr zu denken.

Eine Fuge beginnt mit einem Thema, das im Verlauf durch verschiedene Stimmen in unterschiedliche Tonarten wandert. Die Melodiestimmen werden dabei zu Begleitstimmen, bis sie wieder an der Reihe sind, das Thema zu übernehmen oder zu variieren. Man muss immer genau hinhören, wo sich die Melodie gerade befindet. In Handbüchern wird diese Form gerne anhand von Balkendiagrammen dargestellt, vor allem die Stellen, an denen das Thema in einer sogenannten Engführung in mehreren Stimmen überlappend erklingt.

Das entspricht aber nicht meiner Wahrnehmung dieser Musik. Ich habe das Gefühl, in einer langen, geräumigen Glasröhre wie in einem Aufzug nach oben zu fahren, während das Thema in bunten Schlangen mal vor mir, mal hinter mir und mal an mir vorbeizieht. Manchmal schlängelt es sich um meine Beine, meinen Oberkörper oder meinen Kopf. Ich kann mich ihm zuwenden, es am Rande meines Blickfeldes verfolgen oder es hinter mir vorbeiziehen lassen. Mit der Zeit spüre ich, wie mich die Musik antreibt, wie ich an Geschwindigkeit gewinne und immer schneller auf das Ende der Röhre zusteuere. Aus der Ferne kommt ein gleißendes Licht auf mich zu. Ich kann nicht sagen, was mich dahinter erwartet. Vielleicht gibt es einen Grund, warum Barockmusik gerade an Beerdigungen zum festen Programm gehört.

Man könnte leicht argumentieren, dass solche Wahrnehmungen nicht von ungefähr kommen, wenn der eigene Vater Historiker ist und ein Buch mit dem Titel *Die Zukunft in der Vergangenheit* geschrieben hat. Aber ehrlich gesagt haben weder meine Geschwister noch ich seine Bücher jemals zur Hand genommen. Ich interessierte mich auch nicht dafür, was Menschen zu anderen Zeiten dachten, sondern wollte in meinem Leben mehr über das Phänomen Musik erfahren. Weil Musik mir etwas gab, das ich mit keiner anderen Beschäftigung erreichen konnte, und weil ich meine Erfahrungen beim Musikhören mit anderen teilen wollte. Also habe ich den vermeintlich logischen Weg eingeschlagen und angefangen, mich im Musikmachen ausbilden zu lassen. Ich dachte, das würde mich meinem Ziel näherbringen.

Reflexion

Wir können Klang immer nur in Zeit und Raum wahrnehmen. Hören ist ein mehrdimensionaler Prozess.

- Ist es dir egal, wo du Musik hörst, oder gibt es für dich Musik, die in bestimmte Räume gehört?
- Bei welcher Musik vergisst du die Zeit? Bei welcher will die Zeit nicht vergehen? Woran liegt das?
- Bei welcher Tätigkeit fängst du an, nebenbei zu singen? Hat das etwas mit der Umgebung zu tun?

Aufgabe

Gehe in ein Museum. Suche dir ein Bild oder eine Skulptur aus und überlege, welche Melodie oder welcher Klang darin versteckt ist.

- Versuche, die verborgenen Klänge zu singen oder auf einem Instrument zu spielen.
- Wie verändert der Klang deine Wahrnehmung von den Gegenständen?
- Machst du eine andere Musik, wenn du nur ein Foto des Objekts als Vorlage nimmst?

2 Musik machen

2.1 Musicking

Du kannst Musizieren von anderen Menschen lernen.
Dann wirst du dir aneignen, wie andere sie verstehen.
Du kannst Musizieren durch Musikhören lernen.
Dann wirst du verstehen, was die Klänge dir mitteilen wollen.
Du kannst Musizieren durch dein Leben lernen.
Dann wirst du verstehen,
welche Kraft zur Veränderung in Musik stecken kann.

Wenn ich an meinen Instrumentalunterricht zurückdenke, fällt mir als erstes ein, dass es einen festen Plan gab, wie man üben sollte, um ein guter Interpret zu werden. Aber alles in mir wehrte sich gegen diese Methode.

»Die Schule der Geläufigkeit« steht in geschwungenen Buchstaben auf der Vorderseite des Heftes. Innen drin befinden sich Übungen, die alle zehn Finger gleichmäßig stark und beweglich machen. Jeden Tag soll ich ein paar Minuten daraus spielen. Spielen ist allerdings das falsche Wort, es ist eher Fingergymnastik.

Ich schaue auf die Tasten des Instruments, das meine Großmutter gerettet hat, als die russische Armee ihr Haus in Halle besetzte, und denke: Dieser Flügel will sicher nicht, dass ich ihm das antue. Dass ich ihn mit mechanischen Akkordbrechungen anschlage. Die Saiten wünschen sich, gestreichelt zu werden, wie wenn jemand einem mit der Hand über den Rücken streicht. Dabei gibt es keinen Finger, der zu schwach oder zu stark ist. Die Tasten wollen vielleicht im Vorübergleiten sanft berührt werden, wie wenn man sich mit der Hand gedankenverloren durchs Haar fährt, so dass es kurz aufwallt und dann wieder zur Seite fällt. Der Holzrahmen will auch nicht durch wilde Tonleiterläufe erzittern, sondern warm gedrückt werden, wie wenn einem jemand freundschaftlich auf die Schulter klopft.

Ich weiß, wenn ich so übe, wie es in dem Heft vorgeschlagen wird, werde ich spätestens nach zehn Minuten nicht mehr in der Lage sein, dem Klavier Melodien zu entlocken, die in seinem Resonanzboden schlummern. Dann wird das Instrument nur noch offen für das Nachspielen von Werken anderer sein.

Da lasse ich mir lieber vom Klavier erklären, was ich darauf spielen soll. Mit etwas Glück finden meine Finger nach einer Weile einen neuen Weg zwischen den schwarzen und weißen Tasten. Wenn ich die richtigen Töne treffe, beginnt das Instrument so zu vibrieren, dass ich verstehen kann, warum man es Flügel nennt.

Als ich mit Klavierspielen anfing, merkte ich bald, dass es beim Musizieren nicht darum ging, etwas spielen zu können, sondern darum, sich mit anderen zu vergleichen. Die wenigsten interessierten sich dafür, ob ich dem Instrument etwas entlocken konnte. Sie wollten sehen, wie gut ich es beherrschte. Aber solche W-Fragen waren nicht meine Fragen an die Musik.

Während meines sechsten Schuljahres, das ich an einem Gymnasium in West-Berlin verbringe, lerne ich zum ersten Mal jemanden kennen, der ähnliche Interessen zu haben scheint wie ich. Er hat auch vor einem Jahr mit Klavierunterricht begonnen, übt zwei Stunden täglich und besitzt den Ehrgeiz, alle schwierigen Stellen perfekt spielen zu wollen. Ich bin auch begeistert und verbringe bestimmt genauso viel Zeit vor dem

Instrument, möchte aber lieber herausfinden, was das Klavier mir zu sagen hat.

Während er in der Schule bereits Konzerte gibt, sitze ich zu Hause und träume in Klängen vor mich hin. Während er verschiedene Aufnahmen eines Stückes miteinander vergleicht, um die beste zu imitieren, interessiere ich mich nur dafür, aus Stücken anderer mir das herauszuholen, was mir gefällt und es zu variieren.

Von Zeit zu Zeit kommt er mich besuchen, um zuzuschauen, wie ich ohne Noten spielen kann. Manchmal versuche ich ein paar Wochen lang, Stücke so konzentriert zu üben wie er. Seine Improvisationen klingen hölzern. Meine Versuche, klassische Werke nachzuspielen, haben wenig mit dem Notentext zu tun.

Man kann eine Geschichte wie diese in Sonatenhauptsatzform schreiben. Aber wie sieht die Reprise aus? Im Gegensatz zu ihm bin ich an der Musik hängengeblieben, obwohl Entwicklung nie mein Thema war. Ich wollte etwas finden, was sich vor mir versteckte.

Zur gleichen Zeit erlebte ich, dass mein Interesse an der Musik von unerwarteter Seite unterstützt wurde. Die Menschen, die mir Mut machten, tauchten aus dem Nichts auf und verschwanden wieder. Sie nahmen mich aber in die Verantwortung für mein weiteres Handeln.

Es ist ein Mekka, ein Mekka hinter der Mauer. Der kleine Musikladen in einer Ecke des Ostberliner Nicolaiviertels, der Noten zu Preisen anbietet, von denen ich als 13-Jähriger aus dem Westen nur träumen kann. Wir haben zwar »Musik Riedel« in der Nähe des Ku'damms, der gut ausgestattet ist. Aber die Klaviernoten und Schallplatten dort kann ich mir von meinem Taschengeld nur selten leisten.

Deshalb nutze ich jede Gelegenheit, mit meinem Vater für einen Samstag nach Ostberlin zu fahren, wenn er sich mal wieder mit Kollegen aus der Wissenschaft verabredet. Er zahlt mir einen Teil der 25 Mark, die er an der Friedrichstraße wechseln muss, als Taschengeld aus. Danach gibt es für mich nur noch ein Ziel. Das deutsche kommunistische System, das in meiner Schule immer nur kritisch behandelt wird, sehe ich bei meinen Besuchen mit ganz anderen Augen.

Aber das Mekka hinterlässt auch Spuren. Ich werde nie vergessen, wie ich einmal an der Kasse stehe und mir genau eine Ostmark für ein Notenheft fehlt. Da greift eine ältere Dame hinter mir in ihr Portemonnaie und schenkt sie mir. Sicherlich hat sie bereits an meiner Kleidung erkannt, dass ich »von drüben« komme.

Bis heute hat mich das schlechte Gewissen nicht verlassen, dass ich damals Hilfe von einer Person annahm, die sicher mehr auf das Geld schauen musste als ich. Wahrscheinlich hat sie einfach die Begeisterung für Musik in meinen Augen gelesen.

So eine Unterstützung kann man nur an andere Menschen weitergeben. Ich hoffe, ich erkenne diesen Blick, wenn ich heute Jugendlichen begegne, denen etwas fehlt, auch wenn sie äußerlich nicht danach aussehen.

Achtung!

Instrumente müssen aufeinander gestimmt werden, damit sie harmonisch zusammenspielen. Das ist bei menschlicher Kommunikation ebenso. Vergiss nie, vor teilnehmenden Beobachtungen mit der Situation warm zu werden. Sonst darfst du nicht mitspielen, wenn es richtig los geht.

Irgendwann in meiner Jugend ist mir aufgefallen, dass ich positive Rückmeldungen zum Musizieren von Gleichaltrigen nicht bei Schulkonzerten bekomme, sondern an anderen Orten und von anderen Zuhörern.

Unsere Klasse macht einen einwöchigen Austausch zu einem Gymnasium in London, als ich 16 Jahre alt bin. Meine Eltern bestehen darauf, dass ich daran teilnehme, obwohl ich mich sprachlich nicht kompetent dafür fühle. Ich bin im letzten Jahr in die Höhe geschossen, trage meine Haare länger und wurde dieses Jahr sogar zum Klassensprecher gewählt. Dennoch habe ich Angst davor, eine Woche bei einer fremden Familie in einer unbekannten Stadt zu verbringen.

Schon am ersten Tag fühle ich mich unwohl unter den Gleichaltrigen, die alle mit ähnlichen Frisuren und in Schuluniformen auf dem Hof herumstehen. Ich verstehe kaum etwas, aber ich spüre, wie sie mich herablassend beobachten. Im Geschichtsunterricht, in dem sie mit uns über die deutsche Wiedervereinigung reden wollen, würde ich gerne meine kritische Meinung zu den vorschnellen politischen Beschlüssen äußern, aber mir fehlen die englischen Worte, um mich richtig auszudrücken. Ich spüre, wie die anderen hinter meinem Rücken Bemerkungen machen. Ich beneide einen meiner deutschen Mitschüler, der ein guter Basketballer ist und genauso gut aussieht, dass ihm sofort alle englischen Mädchen nachstellen.

Am dritten Tag entdecke ich dann auf dem Schulgelände ein kleines einstöckiges Häuschen mit vier Räumen, in denen jeweils ein Klavier steht. Alle Türen sind offen. Eine Lehrerin erklärt mir, dass ich dort hineingehen kann, wann immer ich will. Es gäbe kaum jemanden, der die Instrumente nutzt.

Es liegen keine Noten in den Räumen. Also setze ich mich in der nächsten Pause einfach an eines der etwas heruntergekommenen Klaviere und spiele, was mir in den Sinn kommt. Meine Hände suchen nach Harmonien, bei denen ich mich wieder sicher fühle. Meine linke Hand probiert einen Rhythmus, meine rechte ertastet eine Melodie, die mich wieder mit meiner inneren Kraft verbindet.

Es dauert nicht lange, da entdecke ich einen Schüler vor dem Fenster, der mich irritiert beobachtet. Er verschwindet, um wenige Minuten später mit seinen Freunden wiederzukommen. Staunend stehen sie vor dem Fenster und hören mir zu, bis die Pause vorbei ist.

Den Rest der Woche habe ich das Gefühl, von allen mit Respekt behandelt zu werden. Und das, obwohl mir der Schüler, bei dessen Familie ich wohne, erzählt, dass in seiner Klasse alle nur Punkmusik hören.

Diese Reaktionen sind mir mehr wert als das oberflächliche Interesse der Mädchen an dem sportlichen Jungen unseres Jahrgangs. Wenn ich bislang schon keinen guten Englischunterricht gehabt habe, dann weiß ich jetzt wenigstens, wofür mein Klavierunterricht gut ist.

Ich hatte in meiner Jugend auch Lehrer, die mir den Raum gaben, mich musikalisch zu entwickeln. Aber wenn ich es mir recht überlege, wurden mir die eindrücklichsten musikalischen Erlebnisse von unbekannten Menschen ermöglicht.

Eine meiner älteren Schwestern lebt Anfang der 1990er mit ihrem finnischen Mann und ihren kleinen Kindern für einige Jahre in Wien. Ich habe gehört, dass die Stadt neben London der einzige Ort ist, an dem das *Phantom der Oper* aufgeführt wird, und dass es dort täglich günstige Stehplatzkarten gibt, die ich mir als Schüler leisten kann. Meine Eltern schenken mir das Zugticket zu Ostern und meine Schwester freut sich über Familienbesuch.

Allerdings muss man bereits am Mittag vor dem Theater stehen, um eine Karte zu ergattern. Fünf Stunden vor Vorstellungsbeginn teilt mir der Mann an der Kasse jedoch kopfschüttelnd mit, dass alle schon vergeben sind. Enttäuscht laufe ich noch einmal an den Vitrinen entlang, schaue mir die Bilder an und wünsche mir, das Stück sehen zu können, von dem mir meine Tante aus England vor einem Jahr eine Kassette zu Weihnachten geschickt hat. Leider war das Libretto darin nicht abgedruckt, so dass ich die Handlung bislang nur bruchstückhaft verstanden habe.

Da geht die Tür des Theaters noch mal auf und der Mann von der Tageskasse kommt heraus und winkt mir hinterher. Jemand hat gerade eine Karte zurückgegeben. Selten hat sich das Warten so gelohnt wie an diesem Tag.

In der Pause unterhalten sich zwei Wienerinnen in meinem Alter darüber, dass sie am Wochenende manchmal alle vier Vorstellungen hintereinander besuchen, nur um die berühmte Hauptdarstellerin zu hören. Wenn diese in einer Szene nicht auf der Bühne steht, drehen sie sich um, kauern sich an die Rückwand der Stehplatzreihe und ignorieren die Handlung. Aber wenn sie auftritt, springen sie auf und jubeln sie ihr bereits im Vorspiel zu, als befänden wir uns in einem Popkonzert. Mir genügt diese eine Aufführung. Ich habe bis dahin noch kein Musiktheaterstück gesehen, das in einer so rasanten Filmdramaturgie abläuft und eine Geschichte erzählt, in der ich mich mit mehreren Charakteren gleichzeitig identifizieren kann. Wenn der Mann an der Kasse nur wüsste, dass ich aus dieser Aufführung in meinen Ferien mehr über Musik gelernt habe als aus Generalbassübungen und Harmonieanalysen während der Schulzeit.

Mit der Zeit lernte ich viel über Musikgeschichte und Musiktheorie. Aber je mehr ich mich damit beschäftigte, desto unsicherer wurde ich, ob mir das etwas nützt. Ich hatte zwar immer mehr Wissen im Kopf, dafür aber auch das Gefühl, dass mir Musik nicht mehr unmittelbar zugänglich war.

> Sie schreibt mir aus dem Musik-Grundkurs, weil sie sich nicht konzentrieren kann. Hat sie ein schlechtes Gewissen, weil sie mir ungewollt Hoffnungen gemacht hat? Oder kann sie sich wirklich nicht entscheiden und zweifelt an ihren Gefühlen? Jedenfalls kritzelt sie ein paar Zeilen auf ein kleines kariertes Blatt, das sie schnell zusammenfaltet und nach dem Unterricht einem Mitschüler für mich mitgibt.
>
> »Wir hören gerade das ›Allegro barbaro‹ von Bartók. Genauso fühle ich mich heute.«
>
> Im Leistungskurs habe ich gelernt, die Harmonien dieses Stückes zu analysieren und die Bi-Tonalität zu bestimmen. Ich weiß, welche Melodieteile aus der ungarischen Bauernmusik stammen. In welchem Jahr das Werk entstanden ist und welche Bedeutung es für die Entwicklung von Bartóks Stil gehabt hat. Ich kann das Stück nicht mehr hören, ohne an diese Fakten zu denken.
>
> Wahrscheinlich weiß sie nichts davon. Wahrscheinlich hat sie überhaupt keinen Sinn für die Musik des 20. Jahrhunderts und käme nie auf die Idee, so etwas privat aufzulegen. Aber sie kann zuhören. Sie fühlt etwas und lässt die Musik zu sich sprechen, ganz ohne Erklärungen. Wahrscheinlich versteht sie sie auf diese Weise sogar besser als ich.
>
> Das macht die Situation für mich aber nicht einfacher.

Entspann dich!

Wenn du nachts nicht schlafen kannst, spiele alle Stücke im Geist vor dich hin, die du auf deinem Instrument beherrschst. Oder singe leise die Lieder, die du auswendig kannst. Das hilft. Aber erzähle das besser nicht deinen Lehrerinnen und Lehrern.

Erst Jahre später wurde mir bewusst, dass es beim Musizieren nicht darauf an-
kommt, ein Stück am Ende perfekt spielen zu können. Die Motivation ist ent-
scheidend, warum man sich an ein Instrument setzt.

> Ich bin erschöpft von zu viel Arbeit. Die Nachtschichten beim Fernseh-
> sender rauben mir den Schlaf. Ich verdiene zwar mehr Geld, als ich zum
> Leben brauche, aber die Tätigkeit langweilt mich. Dabei war ich anfangs
> so stolz, es ohne Ausbildung als Quereinsteiger in die Medien geschafft
> zu haben: Bild und Ton für ein Millionenpublikum zu gestalten und von
> allen im Sender bestätigt zu bekommen, dass ich meinen Job gut mache.
> Tagsüber habe ich viel Zeit. Da könnte ich tun, wonach mir zumute ist.
> Etwas schreiben oder komponieren. Aber ich bin zu müde, zu erschöpft,
> zu ausgelaugt. Ich kann mich nicht mal auf ein anständiges Buch kon-
> zentrieren.
>
> Da höre ich eines Tages zufällig im Radio eines von Chopins *Nocturnes*.
> Diese Stücke gehörten zu den drei Schallplatten mit klassischer Musik,
> die meine Mutter früher regelmäßig hörte. Meistens vormittags, wenn sie
> allein zuhause war. Die eigenartige Stimmung, die sich dann in unserem
> Haus ausbreitete, verwirrte mich, wenn wir Kinder in etwas überdrehter
> Stimmung und hungrig zum Mittagessen kamen. Es dauerte eine Weile,
> bis wir das Haus wieder mit Leben und unseren Geschichten gefüllt hat-
> ten. Ich hatte die Stücke bislang immer als zu schwer für mich empfun-
> den. Jetzt habe ich den unstillbaren Wunsch, zumindest die leichten da-
> von spielen zu können.
>
> Ich komme nur langsam voran. Aber ich gebe nicht auf. Takt für Takt
> arbeite ich mich vorwärts. Es ist, als würde mich der Komponist persön-
> lich an die Hand nehmen und mich geduldig, aber energisch zur Kon-
> zentration drängen, mich von einem Schritt zum nächsten führen.
>
> Langsam vergesse ich die Müdigkeit. Die Unzufriedenheit über meinen
> Lebenszustand löst sich mit den Tagen und Wochen spürbar auf. Je leich-
> ter mir das Spielen fällt, desto deutlicher höre ich das Leid und die Frus-
> tration, die in der Musik eingeschlossen ist. Ich fühle mich nicht mehr
> allein und bekomme eine Ahnung davon, was den Komponisten dazu
> angetrieben hat, dieses Werk zu komponieren.
>
> Ein Kollege beim Fernsehen, der gerade Vater geworden ist, erzählt mir
> mit Überzeugung, dass Klavierspielen gut für die Vernetzung der rechten
> und linken Gehirnhälfte ist. Deshalb soll sein Kind so früh wie möglich
> dieses Instrument erlernen. Ich hoffe, dass das Kind eines Tages verste-
> hen wird, wozu das Musikmachen wirklich gut ist.

Hätte es das Buch von Christopher Small in meiner Jugend schon gegeben, wäre mir schnell klar geworden, dass ich intuitiv auf der Suche nach einer intensiven Erfahrung des »Musicking« war, und nicht danach, gut musizieren zu lernen. Ich hätte mir einige Frustrationen erspart, die durch meine Begeisterung für die Musik und meine gleichzeitige Unzufriedenheit mit dem Musikunterricht entstanden. Glücklicherweise fand ich zunächst einen anderen Weg.

Reflexion

Musik ist eine kommunikative Aktivität, die nur stattfindet, wenn viele Menschen mitmachen, die keine Klänge erzeugen.

- Was waren für dich prägende musikalische Erlebnisse in deiner Kindheit und Jugend? Wer war dafür verantwortlich, dass du daran teilhaben konntest?
- Von welcher »unmusikalischen« Person hast du mal etwas Wichtiges über Musik gelernt?
- Gab es Momente, in denen ein dir unbekannter Musikstil direkt zu dir gesprochen hat? Welche Situation hat das ermöglicht?

Aufgabe

Besuche eine Veranstaltung mit Laienmusik, z. B. ein Chorkonzert, eine Feier mit Musik und Tanz oder eine Aufführung einer Musikschule.

- Beobachte die Musikerinnen und Musiker. Schätze ihre Motivation ein.
- Versuche, mit den Beteiligten ins Gespräch zu kommen. Was bedeutet ihnen das Ereignis?
- Wie hat dir die Veranstaltung gefallen? Begründe deine Eindrücke anhand deiner Beobachtungen.

2.2 Kreativität

In der ersten Dimension erscheint eine Kernidee.
In der zweiten Dimension entsteht eine Skizze auf Papier.
In der dritten Dimension triffst du dich zu einer Probe.
In der vierten Dimension entsteht Musik.
Doch wenn Klänge von allein zum Leben erwachen,
können sie alle anderen Dimensionen zum Einsturz bringen.

Wann merkt man, dass man nicht die Musik anderer nachspielen, sondern das
Natürlichste der Welt tun will: Musik selbst erfinden? Wenn ich darüber nach-
denke, wann ich das erste Mal den Wunsch verspürte, eigene Texte und Melodien zu kreieren, kommt mir ein spannungsreiches Bild in den Sinn.

> Sie brechen die verschlossene Tür des tief verschneiten und gefrorenen
> Herrenhauses auf, in dem er früher mit seiner Frau lebte, und verstecken
> sich unerlaubt darin. Nachts, als seine Geliebte und ihre gemeinsame
> Tochter schlafen, hört er draußen Wölfe heulen. Da setzt er sich an den
> Schreibtisch, greift zu Stift und Papier und beginnt mit eiskalter Hand
> Gedichte zu schreiben:»Lara…« steht da, und eine gewaltige Filmmusik
> setzt ein, der man sich kaum entziehen kann.
>
> Es ist einer der ersten Spielfilme für Erwachsene, den ich als Teenager im
> Urlaub bei meiner Oma sehen darf, die einen Fernseher hat. Die leiden-
> schaftliche Dreiecksgeschichte zu verworrenen politischen Zeiten in ei-
> nem mir fremden Land brachte mich vollkommen durcheinander. Ich
> war noch zu jung, um zu verstehen, was die Erwachsenen da fühlten.
> Aber seitdem suche ich immer wieder diesen bewussten Moment in mei-
> nem Leben, in dem ich nachts in einem kalten Haus aufstehe, mich hin-
> setze und Lieder schreibe. Wer auch immer meine »Lara« sein mag.
>
> Es gibt in ausweglosen Situationen oft nichts Besseres, als sich ruhig hin-
> zusetzen und über das zu schreiben, was man liebt.

Ich war überrascht, dass mir niemand das Komponieren beibringen konnte. Alle
pädagogischen Versuche endeten in einer konstruierten Musik, die mich nicht
mehr berührte. Ich musste mein eigener Lehrer werden und lernen, meiner Intuition zu vertrauen, wenn ich etwas erschaffen wollte, das mich wirklich zufrieden stellte.

> Es ist wie Tagebuch schreiben. Jeden Tag ein paar Minuten vor dem Kla-
> vier sitzen und die Finger die Tasten erkunden lassen, wie sie sich gerade
> anfühlen. Mal schlagen sie wie eiserne Hämmer, mal streichen sie wie ein
> Windhauch darüber; mal muss ich die Tasten kräftig drücken, mal kön-
> nen sich die Finger nicht von ihnen lösen und gleiten übergangslos von
> einer zur anderen. Klangliche Gedankenskizzen entstehen. Jeden Tag an-
> dere, je nachdem, wie ich mich fühle und was ich gerade erlebe: Mal ist
> es nur ein kurzes melodisches Fragment, mal die Idee für ein Lied. Meine
> älteste Schwester töpfert, einer meiner Brüder schraubt täglich an Elek-
> trogeräten herum – ich spiele eben Klavier. Es ist wie Waschen, Essen
> und Verdauen. Eine tägliche Gewohnheit, die mich gesund hält.
>
> Wenn möglich nehme ich die beste Idee aus diesen Momenten auf. Im-
> mer etwa anderthalb Minuten Tagesrückblick, der sich um mein wech-
> selhaftes Leben, meine Stimmung und meine Gefühle dreht. Immer nur
> ein Versuch, etwas in Klang festzuhalten, was ohnehin fließend ist.

Manchmal habe ich einen Plan im Kopf, bevor ich mich ans Klavier setze. Aber mit den Jahren merke ich: Sobald ich musikalisch etwas Bestimmtes erreichen will, kommt nichts Sinnvolles dabei heraus. Ich muss es laufen lassen.

Wenn ich Zeit habe, nehme ich mir die eine oder andere Aufnahme später noch einmal vor und entwickle sie weiter. Aber das meiste geht schnell wieder verloren, ohne dass ich es bedauere. Nur selten gibt es eine Melodie, die mich beim wiederholten Hören so sehr an eine erlebte Stimmung erinnert, dass ich den Geruch der Jahreszeit wieder riechen und die Vibrationen in der Luft erneut spüren kann. Manchmal bin ich überrascht, dass ich melodisch bereits eine Persönlichkeit beschrieben habe, die ich erst viel später kennenlernte. Diese Klangzeichen sagen mir dann, dass ich auf dem richtigen Weg bin und nicht zu verzweifeln brauche, wenn ich mein Leben nicht immer gleich verstehe.

Ich habe früh gelernt, dass so eine Kreativität von anderen nicht immer positiv aufgenommen wird. Viele bekommen Angst, wenn sie auf jemanden treffen, aus dem die Ideen nur so herausprudeln. Aber ich habe auch erfahren, wie viele gerne auf einen fahrenden Zug mit einem Musikwaggon aufspringen.

Ich frage den Musiklehrer meines Leistungskurses, ob er glaubt, dass ich an unserer Schule zehn Schülerinnen und Schüler finde, die bereit sind, in einem Musical mitzuspielen, das ich in den Sommerferien geschrieben habe.

»Nein«, sagt er entschieden.

Eine Woche später habe ich die Sänger und Musiker zusammen. Einer singt sogar im Kinderchor der Stuttgarter Staatsoper. Die wiederum organisieren Sängerinnen aus anderen Schulen, so dass wir schon wenig später mit den Proben beginnen können. Ein weiterer Schüler meldet sich bei mir, der die Ton- und Lichttechnik übernehmen will. Ein anderer hilft beim Bühnenbau, nachdem er staunend eine der ersten Proben gesehen hat. Drei Monate später ist die Aula voll mit erwartungsvollen Eltern, die meine Version von Oscar Wildes *Das Gespenst von Canterville* sehen wollen.

Unser Rektor hält eine Ansprache und lobt die Schule für ihre ganzheitliche Erziehung, die schon immer von allen Lehrkräften unterstützt wurde. Dann geht es los. Mir ist egal, wie gut das Stück ist und wie perfekt alle singen und spielen. Es geht über die Bühne und wir alle werden es nicht vergessen.

Achtung!
Für deine Forschungen brauchst du das Vertrauen deiner
Kontaktpersonen. Vertrauen entsteht durch Wiederholung.
Du kannst nie oft genug grüßen und dich bedanken. Das bil-
det das Metrum und das Tempo, auf dem sich Gedanken
und Meinungen im freien Rhythmus bewegen können.

Von diesen ersten Projekten lernte ich, dass Kreativität keine Tätigkeit ist, die
man allein im stillen Kämmerlein ausüben kann. Sie braucht einen Raum und
eine Gemeinschaft, die sie fördert. Aber eine geeignete Umgebung zu finden,
wurde als Erwachsener schwieriger.

An diesem Ort gibt es keine Einschränkungen, keine Ablenkungen.
Nichts anderes zu tun, als die Finger über die Tasten gleiten zu lassen. Zu
sehen, was ich noch kann, was wiederkommt und was sich neu entwickelt. Und mich dabei geborgen fühlen, weil ich in dieser Sommerakademie auf einem thüringischen Dorf rund um die Uhr mit allem versorgt
werde, was ich zum Leben brauche. Der Lauf vor dem Frühstück durch
Wald und Tal, die einsamen Spaziergänge am Nachmittag über die Fel-
der und der Sonnenuntergang hinter der hohen Dorfkirche mit zwei Em-
poren bringt mich zur Ruhe.
In den Nebenräumen arbeiten andere Gäste, die ebenfalls ihren Urlaub
hier verbringen, an ihren Leinwänden und Romanfragmenten. Sie tragen
mich mit ihrer Kreativität und signalisieren mir beim gemeinsamen Essen, dass ihnen mein Klavierspiel, das sie durch die Wände hören, gefällt.
So kann ich mich für ein paar Tage ganz dem anvertrauen, was mich
lange beschäftigt und was endlich aufs Papier gebracht werden will.
Es gab Momente, in denen ich das Gefühl hatte, gegen mein Klavier
kämpfen zu müssen; Momente, in denen ich zu schnell zu viel von mir
verlangte und meine Finger sich schließlich verweigerten. Es gab auch
Zeiten, in denen ich zu sehr mit dem Kopf gearbeitet habe, und solche,
in denen ich rücksichtslos mit den Klavieren umgegangen bin, als wollte
ich sie zerschlagen.
Ich kann es selbst kaum fassen, aber ausgerechnet hier bringe ich endlich
mit einer Leichtigkeit eine bitterböse Musical-Satire über den mörderi-
schen Kampf zweier Künstlernachbarn in einem Berliner Szenebezirk zu
Papier. Das wollte ich schon seit Jahren, aber zuhause habe ich nie die
Ruhe dafür gefunden.
Für mich gibt es Orte, an denen ich inspiriert werde und Ideen sammle.
Und Orte, an denen ich das Gesammelte verarbeiten kann. Beide sind
gleich wichtig und gehören untrennbar zusammen.

Verschiedene kreative Kunstformen lassen sich nicht ohne weiteres voneinander trennen. Musik, Geschichten, Texte und Farben gehen oft ineinander über. Es hat eine Weile gedauert, bis ich gemerkt habe, dass ich komponiere, auch wenn ich keine Noten schreibe.

Sie hatte nur eine Duldung in Deutschland und durfte Berlin nicht verlassen. In dem Herbst und Winter war ich ständig unterwegs für die Produktion der »Schatzinsel« am Theater Wiesbaden, für die ich 3D-Animationen mit schäumendem Meer und paradiesischer Inselwelt gestaltete. Es blieb wenig Raum und Zeit: eine Handvoll Verabredungen, ein paar vertraute Begegnungen, einige persönliche Telefonate mit vagen Versprechungen. Dennoch waren die gewechselten Worte und flüchtigen Umarmungen ein fester Bestandteil in dieser Phase, in der sich alles um mich drehte und mein ursprünglicher Lebensplan aus den Fugen geriet. Später musste ich oft an sie denken und fragte mich, warum ich nicht in der Lage war, diese Chance zu ergreifen und an ihr festzuhalten. Oder habe ich es versucht, aber ihr Leben befand sich ebenfalls auf Treibsand? Wir konnten uns gar nicht gegenseitig stützen. War das der Grund, warum alles in einem gefühlskalten Niemandsland endete?

Mit Musik hatte unsere Geschichte nichts zu tun. Doch eines Tages sehe ich die »Heroes«-Symphonie im Sonderangebot mit dem Aufkleber »Mängelware« und nehme sie mit nach Hause. Schon nach wenigen Takten habe ich das Gefühl, als würde ich wieder in jene Zeit zurückversetzt werden. Es überkommt mich das Bedürfnis, mich sofort hinzusetzen und aufzuschreiben, was ich mit ihr erlebt habe. Während die Symphonie im Hintergrund in Dauerschleife läuft, beginne ich mit den Worten: »Als ich mit Anfang zwanzig in Berlin fröhlich ein sorgenloses Studentenleben führte, schloss sie sich an ihrer Universität einer Frauen-Widerstandsgruppe gegen das Regime an, was ihr Leben für immer verändern sollte…«

Je länger ich an der Erzählung sitze, desto mehr spüre ich, wie sich langsam alles zusammenfügt und ich endlich einen Sinn hinter dem erkenne, was da passierte. Leider kann ich das nicht mehr mit ihr teilen oder mich bei ihr entschuldigen. Aber jedes Mal, wenn ich die Geschichte im Freundeskreis erzähle, atmet aus ihr der Rhythmus dieser Symphonie, auch wenn das niemand außer mir hören kann.

Ausgerechnet beim Studium populärer Musik wurde mir klar, dass das Komponieren nie mit einem Werk endet. Es ist vielmehr der Beginn eines neuen kreativen Hörprozesses, den man als Komponist nicht steuern kann.

In einem Seminar an der Universität beschäftigen wir uns ein Semester lang mit der Frage, was einen populären Hit ausmacht. Jeder darf den Hit seiner Wahl vorstellen und Theorien entwickeln, warum gerade dieser

Song so erfolgreich wurde. Höhepunkt der Sitzungen sind nicht die Reaktionen des Professors auf die Referate, sondern die erste Fragerunde.
Nach der Bekanntgabe des Titels darf jeder sagen, worum es seiner Meinung nach in dem Lied geht.

So kommen wir in einer Sitzung über den Song »Blueprint« von den
Rainbirds auf »Denkzettel« – »blauer Fleck« – »Knutschfleck« – »Fußab-
druck« – »Wunde«. Wir alle fühlen uns der englischen Sprache einiger-
maßen mächtig. Deshalb hielt es bis zu dieser Stunde anscheinend niemand für nötig nachzuschauen, was »blueprint« eigentlich bedeutet.
Trotzdem verbindet jeder etwas mit diesem Ohrwurm und wir alle haben
uns einen Reim auf das gemacht, was wir vom Text verstanden haben.
Der Klang der Musik hat uns dabei geholfen, eine für uns schlüssige Geschichte aus den Versen zu entwickeln, die in unserem Leben Sinn
machte.

Ist es das, was einen Hit ausmacht? Mit einem Text so viele Interpretati-
onsangebote wie möglich zu unterbreiten, damit so viele Menschen wie
möglich sich daraus eine individuelle Version zurecht hören können?
Ich muss gestehen, dass ich beim Komponieren oft ähnlich vorgehe. Ich
will nicht imitieren, sondern aus anderen Liedern etwas ableiten, was mir
als Aussage in ihnen fehlt. Was für eine Rätselstunde wäre es, diese Bezüge zu erkennen, die mir manchmal selbst gar nicht bewusst sind?

Entspann dich!

Sammle so viele kreative Ideen und Forschungspläne wie
möglich. Für jede kommt eine Zeit. Sei nicht traurig, wenn
Teile davon verloren gehen. Wenn du dich mit Themen inten-
siv beschäftigst, werden die guten Einfälle wieder zu dir zu-
rückfinden.

Viel zu oft wurde ich gezwungen, in Kategorien von Werk, Aufführung und Re-
zeption zu denken. Es war für mich ein heilsamer Prozess zu erkennen, dass
meine Kreativität viel nachhaltiger in ganz andere Bereiche hineinwirkt.

In Heidelberg habe ich mit anderen Studierenden ein selbst komponier-
tes Musical aufgeführt. Es handelt von einem fanatischen Sektenführer,
der seine Gemeinde auf einen religiösen Endkampf einschwört und auf-
rüstet, bis die Polizei sein Anwesen stürmt und alle Gläubigen Selbst-
mord begehen.

Ich habe zu dem Zeitpunkt nur eine Vision, aber weder musikalisch noch
dramaturgisch genug Ahnung von einem so großen Projekt. Zudem
muss ich auch noch Regie, Organisation und Finanzierung übernehmen.

Zum Glück schaffe ich alles irgendwie, auch weil gute Freundinnen mich seelisch unterstützen. Trotzdem bin ich im Nachhinein mit dem Ergebnis unzufrieden. Es dauert eine Weile, bis ich das Geld, das ich für die Produktion ausgegeben habe, mit anderen Jobs wieder reinhole.

Jahre später erhalte ich einen Anruf vom Hauptdarsteller. Er ist inzwischen Gemeindepfarrer in Bayern. Ob ich nicht ein Video von der Aufführung hätte, das ich ihm schicken könnte?

»Für mich war diese Aufführung das Beste, was ich in den drei Jahren meines Studiums in Heidelberg erlebt habe. Ich weiß nicht, wie ich die Zeit sonst überstanden hätte. Dieses Projekt bleibt meine schönste Erinnerung!«

Inzwischen arbeite ich als Cutter beim Fernsehen in einer Nachrichtenredaktion. Das Kopieren von Aufnahmen gehört zu meinem beruflichen Alltag. Als ich mir das verwackelte VHS-Video, das ein Freund damals für mich machte, zum ersten Mal wieder anschaue, werde ich wehmütig. Seitdem ich nicht mehr studiere, hatte ich nie mehr so viel Zeit für solche Experimente. Vielleicht ging es bei der Produktion gar nicht um das musikalische Ergebnis, sondern um etwas, das ich damals einfach noch nicht durchschaut hatte.

Der Psychologe Keith Sawyer hält es für wichtig, Kreativität in all ihren Facetten zu erforschen, um die unterschiedlichen Fähigkeiten jedes Einzelnen zu verstehen und um die Herausforderungen der heutigen Gesellschaft bewältigen zu können: »explaining creativity can help us all to be better problem solvers«. In meiner Jugend und frühen Erwachsenenzeit habe ich mich allerdings nie als so ein Problemlöser wahrgenommen. Ich hatte eher das Gefühl, dass ich durch meine Kreativität mir Probleme einhandelte.

Reflexion

Musizieren lernen wir. Das Erfinden von Musik wird uns abtrainiert. Wir müssen es erst wiederentdecken.

- Welche Umgebung brauchst du, um mit deiner Stimme oder einem Instrument ungezwungen zu spielen?
- Wovon erzählst du Bekannten mehr: von deinen Proben oder von deinen Auftritten? Und woran wirst du gemessen?
- Welche Musik hilft dir, um in anderen Bereichen kreative Ideen zu bekommen?

Aufgabe

Höre oder lese die Nachrichten und schreibe ein Lied zur ersten Schlagzeile. Nimm Textteile für die Strophe und formuliere aus deiner Reaktion darauf den Refrain.

- Wie verändert sich die Information, wenn du sie künstlerisch verarbeitest?
- Warum fällt es uns in der Regel schwer, einen vertonten Alltag ernst zu nehmen?
- Wärst du zufriedener, wenn dein Leben mehr von Kreativität geprägt wäre?

3 Musik fühlen

3.1 Melodie und Gefühl

Melodie ist Gefühl. Das ist allen klar.
Die Frage ist nur: Welcher Ton führt wohin?
Und welcher Klang führt dahin, wo niemand hinmöchte?

Für mich waren Gefühle immer körperliche Empfindungen. Mein Körper reagierte auf etwas, das er aufnahm. Wie beim Musikhören. Manchmal erkannte er sogar etwas, bevor es mir bewusst wurde.

> Erst als ich ein Kratzen im Hals spüre, merke ich, dass ich wohl schon seit einiger Zeit auf der Straße so vor mich hinsinge. Mein Körper singt. Mein Geist will sich erheben und frei schweben. Ohne Bühne, ohne Publikum. Erst durch den Schmerz merke ich, was mit mir los ist. Meine Seele will mir etwas mitteilen: in losgelösten Tönen, in befreienden Schallwellen.
>
> Es dauert eine Weile, bis mein Verstand so weit ist, dass ich den Ursprung dieser Melodie bestimmen kann. Was schon lange in meinem Körper pulsiert, will endlich nach außen dringen. Meine Gedanken wollen es noch nicht wahrhaben, schicken mir sogar eine Krankheit, um es gewaltsam zu unterdrücken.
>
> Doch meine Stimme ist stärker und hält länger durch. Wenn das Herz eine neue Melodie sendet, kann sie nichts und niemand aufhalten. Niemals.

Wahrnehmungen von Hören und Fühlen konnten sich auch überschneiden. Ein künstlerisches Ereignis wurde für mich zu einem emotionalen oder umgekehrt. Das eine konnte länger andauern als das andere.

> Der beste Freund meines Bruders lädt mich zu einer Theateraufführung an einer Schule in Stuttgart ein. Seine neue Freundin spielt dort mit und er meint, da ich mich für Musik und Theater interessiere, würde mir das gefallen. Das Stück stammt von einem Lehrer mit Kultstatus, der jedes Jahr eine Komödie für seine Theater-AG schreibt.
>
> Dann sitzt da auf einmal die jüngere Schwester seiner Freundin neben mir. Hatte der Freund etwa noch einen Hintergedanken bei seiner Einladung? Sie trägt ein T-Shirt mit einem *Depeche Mode*-Aufdruck. Ich habe nicht die geringste Ahnung, was das für eine Band ist, aber ich genieße es, schweigend neben ihr zu sitzen. In der Pause wird sie von Freundinnen umringt, mehrfach dreht sie sich aber nach mir um und lächelt mir freundlich zu.
>
> An den Inhalt des Theaterstücks und die Live-Musik kann ich mich nicht mehr erinnern. Vielleicht habe ich im zweiten Teil gar nicht mehr zur Bühne geschaut? Leider habe ich erst später – viel zu spät – erfahren, was für eine Musikgruppe *Depeche Mode* ist. Hätte ich dann ein Thema für ein Gespräch mit ihr gehabt?
>
> »Words are very unnecessary/ They can only do harm.«
>
> Dennoch ziehe ich bis heute immer noch ein Theaterstück oder eine Oper einem Kinofilm vor. Denn oft ist das, was in dem Zuschauerraum in der Pause passiert, wichtiger als das Geschehen auf der Bühne.

In anderen Fällen hat das Hören bei mir das Fühlen verstärkt. Unüberwindbar geglaubte Widerstände brachen durch Klänge zusammen und veränderten das Leben. Ich konnte die Kraft der Musik leibhaftig spüren.

> Die Musik, die meine Schulfreunde an meinem 18. Geburtstag im Wohnzimmer auflegen, ist so laut, dass man kaum sein eigenes Wort versteht. Zum Glück sind meine Eltern verreist und der Garten um unser Haus ist groß genug, dass sich die Nachbarn nicht gestört fühlen. Einige meiner Freundinnen und Freunde aus der Schule tanzen schon ausgelassen, während andere sich erstmal in der Küche Mut antrinken. Die Raucher haben wie immer die Terrasse in Beschlag genommen und versuchen sich gegenseitig mit anzüglichen Witzen zu übertrumpfen. Es ist nicht die erste Party in unserem Haus. Ich muss keine Angst haben, dass die Gäste irgendwas kaputt machen.
>
> Sie sitzt neben mir auf dem Sofa und versucht, trotz der Geräuschkulisse ein Gespräch mit mir zu beginnen. Die wenigen Sätze, die wir austauschen, müssen wir uns gegenseitig ins Ohr schreien. Dabei komme ich jedes Mal ihren dunklen Locken ein Stück näher. Oft gibt sie mir als Antwort nur einen anerkennenden Blick, eine Geste oder eine bestätigende Berührung mit ihrer Hand auf meiner Schulter oder meinem Knie.
>
> Irgendwann geben wir uns geschlagen und fangen an zu tanzen. Beim »Mambo« beginnt sie, Grönemeyers Liedtext schauspielerisch so umzusetzen, als würde sie die Szene gerade durchleben. Da kann ich nicht mithalten.
>
> Später in der Nacht sehe ich sie im Flur vor der Badezimmertür stehen neben ihrer besten Freundin, die hartnäckig auf sie einredet. Da fühle ich mich schlagartig todmüde und lasse die anderen ohne mich weiterfeiern. In meinem Zimmer stolpere ich über ein Pärchen, das auf einer Isomatte in zwei Schlafsäcken aneinander kuschelt. Erschöpft, aber erfüllt liege ich in meinem Bett und lausche im Halbschlaf weiter den Klängen der Musik im Wohnzimmer und dem Lachen auf der Terrasse. Da öffnet sich die Tür, ein Schatten huscht durch den Raum. Wortlos legt sie sich neben mich und schmiegt sich an mich.
>
> War es die laute Musik an diesem Abend, die das bewirkt hat, oder war die Musik nur der Katalysator, damit es endlich passiert? Am nächsten Morgen, als alle anderen noch schlafen und die Musik schweigt, wache ich allein in meinem Bett auf. Wo immer sie schon wieder ist, im Augenblick ich bin glücklich.

Achtung!
Habe ein offenes Herz in der Feldforschung: Lebe, liebe, leide! Das sind die wichtigsten Erfahrungen, die du machen kannst. Aber sei nicht traurig, wenn ein Peer-Reviewer das alles aus deinem Text streicht. Daraus spricht nur Neid.

Die steigende Sensibilität für Musik hat mein Leben leider nicht einfacher gemacht. Es wurde nur komplexer. Oft fiel es mir schwer, Menschen zu finden, mit denen ich auf der gleichen Klangwelle schwimmen konnte.

Das rote Licht blinkt, als ich mitten in der Nacht von der Arbeit nach Hause komme. Aus dem Rauschen meines billigen Anrufbeantworters erkenne ich ihre Stimme. Vom ersten Ton an klingt sie mir vertraut und nah. Da es für einen Rückruf zu spät ist, höre ich mir die Aufnahme einfach nur mehrmals an und begeistere mich für die unbedeutenden, immer gleichen Worte in einer Sprachmelodie, die ich so noch nie bei jemand anderen gehört habe.

Klingt sie so warm wie ein Solokonzert von Mozart? So störrisch und stürmisch wie eine Klaviersonate von Beethoven? So romantisch wie eine Symphonie von Mendelssohn-Bartholdy? So melancholisch und verloren wie ein Winterlied von Schubert? Oder spricht sie so verschlungen, ohne auf den Punkt zu kommen, wie Wagners »Siegfried-Idyll«? Im Laufe der Jahre habe ich mir angewöhnt, die Persönlichkeit von Menschen Musik zuzuordnen, um herauszufinden, ob sie zu mir passen.

Ich erinnere mich, dass ich einmal eine getroffen habe, die so gesprochen hat, wie Strawinsky in seinen besten Jahren komponierte. Ich hätte ahnen können, worauf das hinauslaufen würde: »Ob ich mit zu dir komme? Was, nur wir zwei? Das ist mir jetzt aber ein bisschen zu intim!«

In dieser Nacht dauert es eine Weile, bis ich hinter der psalmodierenden Stimme den gregorianischen Choral erkenne, der sich so gut als zweistimmiges Organa singen lässt. Als ich im Bett liege, weiß ich, dass diesmal alles anders werden wird.

Später wurde ich damit konfrontiert, dass bestimmte Musikstücke unterschiedliche Erinnerungen und dennoch die gleichen Emotionen wecken können. Aber ob dadurch auch kulturelle Distanzen überbrückt werden können?

Das gemeinsame Begrüßungsessen findet unter freiem Himmel in einem Restaurant neben einer Tankstelle statt. Die afrikanischen Studierenden aus Ghana und Nigeria sind froh, sich nach einem halben Jahr endlich wieder zu einem Workshop zu treffen. Wir Deutschen genießen es, Ende

Februar dem Winter zu entfliehen und für zwei Wochen in Westafrika Sonne zu tanken. Unweit unserer Tische steht eine Coverband auf einer Bühne und spielt sehr laut internationale Popmusik. Das Repertoire besteht aus Liebesliedern, die in den 1990er Jahren auf »Bravo Kuschel-Rock«-Alben zu hören waren. Leise summe ich bei »Sailing«, »She's like the wind« und »Nothing compares to you« mit.

Da bemerke ich, dass eine Doktorandin mir gegenüber, die 12 Jahre jünger ist als ich, das ebenso tut. Was für eine unerwartete Gemeinsamkeit! Wie sind diese amerikanischen und englischen Lieder wohl zu ihr gekommen?

Aber da stimmt die Band Mariah Careys »I can't live, if living is without you« an und ich realisiere, wie sehr sich da gerade eine »Romeo & Julia«-Konstellation ankündigt, wenn wir das beide aus vollem Herzen mitsingen. So etwas geht selten gut aus. Mir werden Liebesschnulzen an Tankstellen immer fremd bleiben. Und was verbindet sie mit »She's like the wind«, wenn der heiße Harmattan über sie hinwegweht und der Wüstensand in jede Ritze ihrer Wohnung treibt?

Eine Vorliebe für stark gefühlsbetonte Musik kann übrigens auch abschreckend wirken. Sie führt zum Gegenteil von dem, was sie erreichen will. Sich dadurch unverstanden fühlen, ist für mich immer wieder eine harte Prüfung.

Puccini erkennt sie sofort, wenn sie nach Hause kommt. Ohne zu wissen, dass ich gerade während des Kochens eine Oper von ihm höre, reagiert sie auf Anhieb: »Schalte das bitte sofort aus! Das macht mich verrückt.«

Mich betrübt es, dass ich diese Musik nicht mit ihr teilen kann. Die Intensität, mit der dieser Komponist seine Dramen in hoch aufgeladenen Klängen erzählt. Wenn es um die Geheimnisse geht, die wir tief in uns tragen; wenn wir für unsere Taten teuer bezahlen müssen, auch wenn wir sie aus vollem Herzen vollbracht haben; wenn wir entscheiden müssen, ob das, wofür wir leben, es wirklich wert ist; ob wir bereit sind, dafür zu sterben. Und das alles mit großem Orchesterklang, Kanonenschüssen und Glockengeläut!

Aber ich kann nicht erwarten, dass sie jede Musik, für die ich mich begeistere, genauso gut findet. Verkehrsmeldungen, Börsenberichte und Sportnachrichten im Radio kann ich dafür nicht ertragen. Es gibt eben solche und solche Geschmäcker.

Manchmal frage ich mich, ob es wirklich Puccini ist, den sie nicht aushalten kann. Ob es nicht eher ich bin, wenn ich diese Musik höre. Vielleicht erkennt sie mich dann nicht wieder, weil ich mich zu leicht von diesen Melodien mitreißen und täuschen lasse. Weil ich mich bereitwillig den süffigen Stimmungen hingebe, obwohl sie gar nicht zu mir passen.

Entspann dich!

Gib zu, wenn du dich völlig in musikalischen Analysen oder
theoretischen Konzepten verloren hast. Wir können uns auch
unsterblich in Menschen verlieben, die sich nicht im Gerings-
ten für uns interessieren. Das gehört zum Leben.

Das Schaffen emotionaler Musik wird übrigens gerne romantisch verklärt. Ich
habe oft erlebt, dass mich ein kreativer Prozess so sehr forderte, dass meine Umgebung die Musik als Konkurrenz empfand.

Ich bin nur noch am Schreiben über Musik, Bewerten von Musik oder
Erklären von Musik. Und je mehr ich arbeite, desto mehr verliere ich die
Lust am Musikhören und -machen. Meine Freundin fragt mich eines Tages, warum in unserem Wohnzimmer überhaupt noch ein Flügel stehen
muss, wenn ich ihn sowieso kaum anrühre.

Das sitzt! Um es ihr zu beweisen, beginne ich, ein Stück über meine
Großmutter zu schreiben, von der ich das Instrument geerbt habe. Angeblich hat sie darauf meinen Großvater beim Singen der *Winterreise* begleitet. Mein Werk beginnt mit einer einfachen Klaviermelodie. Dann
höre ich innerlich Holzbläser und Streicher dazu treten. Pauken schlagen
dagegen an und rufen Blechbläser zur Verstärkung.

Ohne mir Gedanken darüber zu machen, ob ich jemals ein Orchester finden werde, das mir das vorspielt, bin ich zwei Wochen konzentriert an
der Arbeit. Nachts schlafe ich unruhig und springe manchmal schon früh
morgens aus dem Bett, um weiterzuschreiben. Alle anderen Jobangebote
sage ich ab. Das wird sich in den folgenden Monaten rächen, aber trotz
des absehbaren Minus auf dem Konto kann ich jetzt nicht anders.

Beim klanglichen Nachfühlen des Lebens meiner Großmutter mach ich
mir erst klar, was für eine Ehe sie geführt haben muss, wenn ausgerechnet
die Lieder der *Winterreise* das waren, was sie mit meinem Großvater teilen konnte. Das zieht mich noch tiefer in meine Klangwelt hinein.

Für meine Freundin ist das allerdings der Tropfen, der das Fass zum
Überlaufen bringt.

»Ich möchte mal einen Freund haben, der erwachsen ist. Der Verantwortung für sein Leben übernimmt.«

Während sie ihre Sachen packt, lasse ich mich seufzend aufs Sofa fallen,
nehme den Haufen A3-Notenblätter in die Hand und denke: Schade,
dass sie das nicht hören kann. Vielleicht würde sie es sich dann noch mal
anders überlegen.

Hatte ich geglaubt, mit meiner Kreativität und meiner Liebe zur Musik meine Gefühle anderen Menschen gegenüber ausdrücken zu können, wurde ich enttäuscht. Am eigenen Leib erlebte ich das Risiko, das der Musikphilosoph Stephen Davis so treffend formuliert hat: »There is a special problem about the fact that people willingly engage in something so rewarding as music, though they know that doing so will expose them to expressions of negative emotions, which are likely to cause feelings that are unpleasant to experience«. Ich musste mein Leben anders führen. Leider hatte sich in der Zwischenzeit das Musizieren und Musikhören in eine Richtung entwickelt, die mir das nicht gerade leicht machte.

Reflexion

Musik fühlen muss man nicht lernen. Aber zu verstehen, warum sie einen berührt, schon.

- Mit welcher Musik verbindet dich emotional am meisten? Ist das auch die Musik, mit der du dich wissenschaftlich beschäftigst?
- Kannst du auch Musik erforschen, die du emotional ablehnst? Wie gehst du dabei vor?
- Wie tief berührt Musik die Menschen in deinem Forschungsfeld? Kannst du das nachempfinden?

Aufgabe

Versuche auf einem Instrument deiner Wahl einer wichtigen Person in deinem Leben vorzuspielen, was du für sie empfindest. Tauscht euch anschließend darüber aus.

- Klang es so, als hättest du deine Gefühle für sie ausgedrückt?
- Hast du nur versucht, etwas zu spielen, von dem du dachtest, dass es ihr gefallen würde?
- Hast du einen bestimmten Stil gewählt, um ihr zu zeigen, was für ein besonderer Mensch du bist?

3.2 Höhen und Tiefen

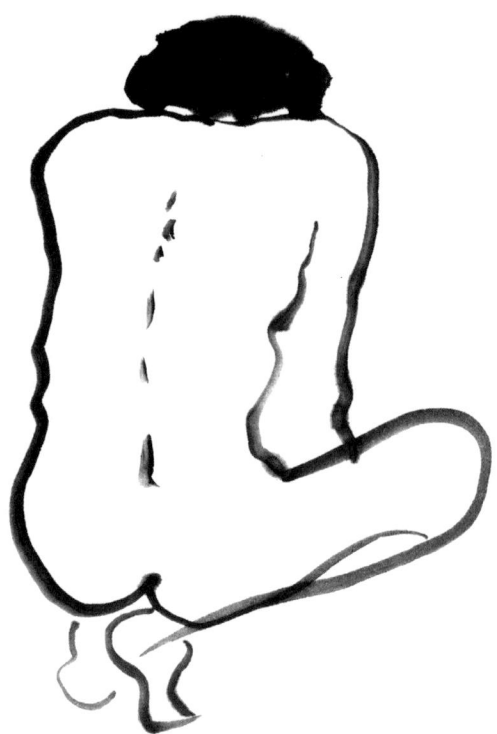

**Ein Hall kann einer Stimme Tiefe verleihen.
Ein Filter kann ihr das Brummen nehmen.
Ein Effektgerät kann die Intonation korrigieren.
Aber eine Stimme, die dich erschaudern lässt,
kann die richtigen Prozesse in Gang setzen.**

Auch wenn ich als Jugendlicher vorwiegend Klassik gehört habe, konnte ich mich später den Einflüssen populärer Musik nicht entziehen. Das lag weniger an meinem schulischen Umfeld, sondern am Musikgeschmack meiner Geschwister.

Als meine nächst ältere Schwester auszieht, lässt sie ihre Box mit fünf Live-Alben von Bruce Springsteen im Zimmer zurück, die sie von einer Konzertreise mit dem Stuttgarter Jugendchor in Amerika mitgebracht hat. Als brauche sie diese Musik nicht mehr, seit sie sich an Wochenenden nur noch in Diskos herumtreibt. Ich höre mich durch und bleibe bei dem Song »No Surrender« hängen. Das Lied spricht mir von der ersten Zeile an aus dem Herzen:
»Well, we busted out of class,
Had to get away from those fools.
We learned more from a 3-minute record, baby,
Than we ever learned in school.«
Ich weiß augenblicklich, dass dieser Sänger Recht hat. In der Schule muss ich viele Dinge lernen, deren Sinn ich nicht verstehe. Für uns wichtige Themen behandeln wir dagegen nicht. Auf diesen fünf LPs erfahre ich auf einmal aus »Born in the USA« von den Traumata, die der Vietnamkrieg ausgelöst hat, aus »My Hometown« von den Rassenkonflikten in amerikanischen Großstädten und aus »The River«, wie schnell die Lebenshoffnungen und Pläne junger Menschen zerbrechen können. Ich fühle mich durch diese Songs viel besser auf das Leben vorbereitet als durch mein Abitur.
Warum sich andere in meiner Klasse auf einmal für Dancefloor-Musik mit schwachsinnigen Liedtexten interessieren, ist mir ein Rätsel. Intuitiv setze ich mich bis heute immer ans Klavier, wenn ich spielend herausfinden will, was mit der Welt gerade los ist. Dabei erinnere ich mich stets an das Versprechen:
»Well, we made a promise
We swore we'd always remember
No retreat, baby, no surrender.«
Leider muss ich feststellen, dass nicht nur meine Schwester sich diese Verse nicht zu Herzen genommen hat. Mit den Jahren werden die Bühnen immer leerer und die Lieder belangloser. Auf den Tanzflächen tummelten sich dagegen immer mehr Menschen.

Als ich meinen ersten Radiowecker geschenkt bekam, lernte ich, dass es Sender gab, die sich für Jugendliche wie mich interessierten. Wie ein guter Freund gestalteten sie meinen Alltag mit und nahmen auf alles, was politisch in der Welt passierte, musikalischen Bezug.

Am 16. Januar 1991 weckt mich wie immer SDR3. Doch diesmal höre ich noch vor den Nachrichten an der Musik, dass sich die Welt über Nacht verändert hat. Es laufen nur noch Lieder wie »Give Peace a Chance«, »Kinder an die Macht« und »Blowing in the Wind«. Dazu braucht es keine weiteren Kommentare. Das sind die Momente, für die wir diese Musikredakteure schätzen und verehren.

In der Schule wird nicht darüber diskutiert, was gerade in der Welt passiert. Das sieht der Lehrplan nicht vor. Vielleicht wissen unsere Lehrer auch nicht, wie sie das Thema mit uns besprechen sollen. Ein paar Tage später gibt es zwar eine politische Demonstration in der Innenstadt: »Mit Kerzen für den Frieden. Kein Krieg für Öl.« Aber die Schulleitung untersagt uns die Teilnahme während der Unterrichtszeit.

Ich trage dafür diese Lieder mit mir herum. Sie geben mir Kraft und Mut, meine politische Haltung gegen alle Nachrichten im Fernsehen durchzuhalten.

Wenige Monate später stellt der Sender sein Programm auf Formatradio um, weil ihm irgendeine Firma weismacht, damit ein größeres Publikum zu erreichen. Mich verliert er durch diese Maßnahme. Den Soundtrack meines Lebens muss ich mir von nun an selbst zusammensuchen.

Ab Mitte der 1990er trat dann das Musikfernsehen in unsere Leben. Zunächst übte es eine unwiderstehliche Anziehungskraft aus, weil man endlich die Musikerinnen und Musiker sah, deren Stimmen schon lange bekannt waren. Es führte aber mit den Jahren zu einer spürbaren Veränderung des Musikkonsums.

Auf dem Cover des Albums *Music* trägt Madonna einen Cowboyhut. Das inspiriert viele Frauen in meinem Umfeld, es ihr gleichzutun. So entsteht ein Modetrend, den ich nicht nachvollziehen kann. Wollen die Frauen mit dem Hut ein bisschen Madonna spielen? Oder wollen sie auch so eine coole, erfolgreiche Frau werden und glauben, dass eine Kopfbedeckung ihnen dabei hilft? Auf jeden Fall versucht keine meiner Bekannten, Madonna im Singen zu imitieren. Alle bleiben schweigende Nachahmerinnen, die lediglich hin und wieder versuchen, sich sexy zur Musik zu bewegen. Aber nur, wenn ihnen Männer dabei zuschauen.

Viele lieben auch Robbie Williams. Selbst Männer liegen ihm zu Füßen. Ich werde ein bisschen neidisch, als ich höre, dass dieser Sänger im selben Jahr geboren wurde wie ich. Die überwältigende Begeisterung für ihn kann ich nicht verstehen. Seine Songs sind gut gemacht, aber sie hätten alle schon vor ein oder zwei Jahrzehnten produziert werden können. Ich begreife nicht, warum er ausgerechnet jetzt so populär wird.

»Er ist einfach ein unglaublich guter Entertainer«, sagen die Männer übereinstimmend. Sie schenken ihm viel Geld mit dem Kauf von CDs, DVDs, Konzertkarten, Plakaten und Hoodies, um sich so angeblich gut unterhalten zu lassen.

Früher kannte ich von Sängerinnen und Sängern nur die Stimmen und
ein paar Fotos aus Zeitschriften. Das ließ mir die Freiheit, mir das Leben
vorzustellen, aus dem die Lieder entstanden. Ich hätte mich nie in die
Musik von *Queen* und die verrückte Stimme von Freddy Mercury verliebt, wenn ich vorher gewusst hätte, wie er aussah und sich kleidete. Ich
hätte nie eine Beziehung zu den Liedern der *Eurythmics* aufbauen können, wenn ich gewusst hätte, wie Annie Lennox sich in den Videoclips
gab. Ich gebe zu, ich wähle Musik weiterhin danach aus, ob die Stimmen
in der Lage sind, solche Fantasiewelten in mir entstehen zu lassen. Leider
finde ich nicht mehr viele Lieder, bei denen das der Fall ist.

Achtung!

Es kann passieren, dass dir Menschen in Interviews Geschichten erzählen, die du nicht weiterverbreiten kannst.
Weil du andere Menschen schützen musst. Dann ist es besser zu Schweigen. Jeder weiß, wie schmerzhaft Stille sein
kann.

Der Höhepunkt war für mich erreicht, als plötzlich jede erdenkliche Musik mit
ein paar Klicks im Internet verfügbar wurde. Damit wurden mir all die geheimen
Abenteuerreisen genommen, die in meiner Jugend meinen Musikgeschmack geprägt hatten.

Als ich 17 Jahre alt bin, lädt mich mein Patenonkel für eine Woche nach
Paris ein, wo er seit einigen Jahren mit seiner brasilianischen Frau in einem Loft in der Nähe von Notre-Dame wohnt. Er arbeitet als Unterneh-
mensberater und muss deshalb in einer Stadt mit einem internationalen
Flughafen leben, um schnell überall auf der Welt sein zu können.
Am ersten Wochenende führt er mich durch Paris, was etwas anstren-
gend ist, da er die Angewohnheit hat, nie Aufzüge oder Rolltreppen zu
benutzen und Stufen immer hochrennen will. Danach ist er geschäftlich
unterwegs, drückt mir aber vorher großzügig Taschengeld in die Hand
und lässt mich allein auf die Stadt los.
Ich verbringe viele Stunden in riesigen Second-Hand-Plattenläden. Nicht
nur, dass die Platten hier billiger sind als auf dem Stuttgarter Flohmarkt.
Hier finde ich auch seltene LPs und Singles französischer Chansonsän-
gerinnen, die ich in Deutschland nie bekomme. Darunter fällt mir ein
Cover von einer Frau namens Patricia Kaas ins Auge. Als ich an der
Theke kurz hineinhören darf, bin ich sofort von ihrer Stimme gefesselt.
Ich durchsuche im rasenden Tempo Kiste um Kiste und Regal um Regal,
bis ich mir sicher bin, alle verfügbaren Platten von ihr gefunden zu

haben. Ob ihre frühen Aufnahmen gut sind, spielt keine Rolle. Es geht nur darum, etwas zu haben und zu hören, was die anderen zuhause nicht kennen. Im Gegensatz zu denen, die sich nur die Alben kaufen, die sowieso im Radio rauf und runter gespielt werden, zählt für mich diese Musik, von der ich das Gefühl habe, dass sie nur mir gehört.

Am Ende der Woche fragt mich mein Patenonkel, ob ich zufrieden sei: »Na ja, und in die Nachtclubs gehst du, wenn du das nächste Mal kommst und älter bist.«

Meine Sammelwut für diese Sängerin verliert an Reiz, als ausgerechnet sie zwei Jahre später in Deutschland bekannt wird und bei uns sogar mehr Erfolge feiert als in ihrer Heimat. Aber immerhin kann ich mir sagen, dass ich früher als alle anderen wusste, was für ein Talent sie hat. Und ihre Musik wird für mich immer nach staubigen Plattenläden und frühsommerlichen Abenden auf dem Platz vor Notre-Dame klingen.

Die Veränderungen in der Medienlandschaft führten schließlich dazu, dass die Radiomacher den Kontakt zu ihrem Publikum verloren. Vielleicht machten nun Leute das Programm, die nichts mehr von Musik verstanden.

Während ich zu Hause eine Frühstückspause einlege, veranstaltet das rbb-Kulturradio wieder seine tägliche und angeblich so beliebte »Klassikbörse«. Die Hörerinnen und Hörer können per Telefonanruf aus drei Musikstücken ihren Liebling auswählen. Zur Abstimmung stehen heute: »Der Sommer« aus Vivaldis *Vier Jahreszeiten*, »Die Morgenstimmung« aus Griegs *Peer-Gynt-Suite* und »Die Moldau« aus Smetanas *Mein Vaterland*.

»Das wird ein spannendes Rennen um den ersten Platz«, versucht mir die Moderatorin eine halbe Stunde vor der Schlusswertung klarzumachen. »Noch ist nicht entschieden, ob sich Vivaldi gegen Grieg durchsetzen wird. Aber Smetana ist schon weit abgeschlagen.« Ich soll noch schnell meine Stimme abgeben, um das Ergebnis zu beeinflussen.

»Sie müssen aber nicht traurig sein, wenn ihr Favorit heute nicht gewinnt. Der Zweitplatzierte geht am nächsten Tag erneut ins Rennen. Sie haben also morgen noch einmal eine Chance.«

Nach tausendmaligem Hören und all den Werbespots, in denen diese Melodien erklingen, kann ich die drei Stücke kaum noch voneinander unterscheiden. Diese zweifellos guten Kompositionen erinnern mich an talentierte Schauspieler in Fernsehserien. Wenn diese zu lange vor der Kamera gestanden haben, ist ihr Gesicht einfach verbrannt. Die kann man in keinem seriösen Spielfilm mehr gebrauchen.

Und dann sagt die Moderatorin auch noch: »Sie haben sicher gerade in den Nachrichten von den verheerenden Überschwemmungen des Yangtze-Flusses in China gehört. Die Zahl der Ertrunkenen soll inzwischen in die Tausende gehen. Da hören wir doch gleich passend zum Thema ›Die Moldau‹ von Smetana und danach den Gewinner unserer Börse.« Berlin ist eine Stadt mit mehreren Weltklasseorchestern, mit drei großen Opernhäusern und einer Kulturlandschaft, um die uns der Rest der Welt beneidet. Jeder internationale Musiker und jede Musikerin besitzen hier eine Wohnung. Ein öffentlich-rechtliches Kulturradio müsste eigentlich nur die Mikrophone zum Fenster raushalten und könnte eine Musiklandschaft einfangen, die einzigartig ist. Mit einer englischsprachigen Programmversion im Internet könnte das rbb-Kulturradio sogar international erfolgreich sein.

Ich beschließe, diesen Sender so lange zu hören, bis er gut wird. Oder bis es ihn nicht mehr gibt.

Der Verlust eines logischen Zusammenhangs zwischen Musik und ihrer Funktion im Alltag wirkte sich auf Dauer auch auf das Verhalten meiner Mitmenschen aus. Viele versuchten, ihre Orientierungslosigkeit durch Lautstärke zu kompensieren.

Mein Nachbar hört bei geöffnetem Fenster laut Techno, der sich im Hinterhof ausbreitet und als Echo von den Hauswänden zurückprallt. So ist das, wenn man nach Berlin Friedrichshain zieht. Ich sollte mich darüber freuen, statt mich zu ärgern.

Ich kenne den Musikstil seit Mitte der 1990er Jahre, als mir ein Freund in Heidelberg von der »Love Parade« in Berlin erzählte, bei der im Sommer Hunderttausende mit Partywagen durch den Tiergarten ziehen. Mit dem deutschen Hiphop und seinem Sprechgesang konnte ich wenig anfangen. Da ich aber ein Fan von minimalistischer Musik war, konnte ich Techno schlecht ablehnen. Vielleicht fand ich da Leute, mit denen ich einen Musikgeschmack zumindest im Populären teilen konnte? Mit einem »Love Train« fuhren wir 1997 nach Berlin, ohne dass ich genau wusste, was mich dort erwartete. Es war ein unvergessliches Wochenende.

Musikverrückte Menschen, die vom Bahnhof Zoo bis zum Tiergarten in ihren Autos am Straßenrand herumlungerten, auf Verkehrsinseln campierten oder sich einfach im Schlafsack ins Gebüsch rollten. Stampfende Musik aus allen Richtungen und eine nicht enden wollende Parade, bei der man manchmal nicht wusste, ob man gerade einem Musiktruck oder einem Krankenwagen mit Blaulicht und Sirene folgte. Zum Abschluss Dr. Mottes kurze politische Rede: »Die Welt ist Klang!« Wer wollte, konnte auch verstehen: »Die Welt ist krank.« Es folgte ein abschließendes Tuten in ein Muschelhorn. Inzwischen liefen die Schneepflüge der BSR schon warm, um den Müll beiseitezuschieben. Da wurde mir klar, dass ich weg aus Heidelberg und in diese Stadt ziehen musste. Wo so eine Veranstaltung möglich war, war auch für mich und meine Ideen Platz.

Nachts in einen Club zu gehen, um zu dieser Musik zu tanzen, hat mich später nie gereizt. Aber sich für ein Wochenende damit die Straßen und Plätze der Hauptstadt zu erobern, gefiel mir. Das war ein gemeinschaftliches Erlebnis. Nie im Leben würde ich auf die Idee kommen, diese Musik für mich allein zu Hause zu hören, wie es mein Nachbar gerade tut. Ich höre auch keine Orgelmusik in meinem Wohnzimmer beim Staubsaugen oder Fußballfangesänge in der Küche beim Kochen.

Beschwerden über Lärmbelästigung nützen in meinem Stadtteil erfahrungsgemäß wenig. Ich kann nur andere Musik auflegen und eine klangliche Gegenwelt erzeugen. Ich denke an Dr. Motte, schaue in meine CD-Sammlung und lege »Die Gesänge der Buckelwale« ein.

Entspann dich!

Misstraue dem »entweder-oder«. Bleibe uneindeutig, wenn du dir nicht ganz sicher bist. Wähle ungerade Mengen. Wenn du zwei Möglichkeiten anbietest, kann eine einkassiert werden. Von drei werden dir niemals zwei auf einmal weggenommen.

Besonders schmerzhaft war es, als ich dann zum ersten Mal erlebte, wie harmlose Musik von anderen missbraucht wurde und wie Menschen dadurch zu Schaden kamen.

Es handelt sich um eine mehrtägige Veranstaltung zur inneren Selbstheilung, bei der sich die Teilnehmenden stets am Nachmittag nach der Arbeit treffen, um gemeinsam zwei Stunden lang in Stille zu meditieren. Dabei werden die eigenen Hände für einige Minuten auf bestimmte Körperstellen gelegt, um sich selbst bewusst wahrzunehmen und Verspannungen zu lösen. Das Ganze wirkt beruhigend, weil die Sitzungen von angenehmer Musik begleitet werden, in der sich Naturgeräusche wie Vogelgezwitscher und Wasserplätschern mit Panflötentönen und Klangschalenschlägen mischen.

Der folgende Vortrag des spirituellen Lehrers spricht mich weniger an. Nicht nur, weil er uns bis zu zwei Stunden ohne Pause Tipps und Anleitungen für ein achtsames und erfülltes Leben gibt, bis mir beide Beine eingeschlafen sind. Ich fühle mich auch nicht wohl unter den überwiegend weiblichen Teilnehmerinnen, die an seinen Lippen hängen und immer wieder verkrampft versuchen, alle Weisheiten in kleinen Notizbüchern festzuhalten. Auch wenn mir die Woche geholfen hat, aus einer inneren Ruhe heraus meinen Alltag zu gestalten, meide ich trotz mehrfacher Einladungen weitere Treffen mit der Gruppe instinktiv.

Da lese ich kürzlich in einem Zeitungsartikel über die Zustände in deutschen Schlachthöfen, dass den Schweinen vor dem Schlachten zur Beruhigung manchmal Panflöten- und Klangschalenmusik vorgespielt werden. Das veranlasst mich, im Internet zu recherchieren, was aus diesem spirituellen Lehrer geworden ist. Ich finde keinen Hinweis mehr auf Aktivitäten unter seinem Namen in Berlin, dafür aber in einem Forum den Bericht einer Frau, die ihn des mehrfachen sexuellen Missbrauchs in der Gruppe beschuldigt.

Solche Erfahrungen hatten nichts mehr mit der Motivation zu tun, aus der heraus ich Musik machte. Das war nicht das Kulturleben, an dem ich auf Dauer teilnehmen wollte. Aber bevor ich den Glauben an die Musik und die Medien verlor, öffnete sich zum Glück unverhofft eine Tür in eine andere Richtung. Und ich durfte neu lernen, was Musik alles sein kann.

Reflexion

Was wir ›hohe‹ und ›tiefe‹ Töne nennen, heißt in anderen Kulturen ›große‹ und ›kleine‹. Wir alle sind mal in Hochstimmung, mal haben wir große Sorgen.

- Welche Musik schadet deinem Leben, welche fördert es? Welche hörst du häufiger?
- Wenn du Musik verbieten könntest, mit welcher würdest du anfangen?
- Wenn du ein Radioprogramm gestalten dürftest, welche Musik sollte dann gespielt werden?

Aufgabe

Wähle ein Liebeslied, das dir besonders gefällt, und höre es dir ununterbrochen an.

- Wie lange hältst du das aus? Wie reagieren deine Nachbarn?
- Welche Gefühle entwickeln sich dabei in dir?
- Wie verändert sich deine Einstellung zu dem Lied?

4 Musik verstehen

4.1 Körper und Klang

Klang entsteht, wenn unsere Hände Saiten zum Schwingen bringen.
Wenn ihre Schallwellen durch den Raum wandern,
werden sie in unseren Ohren in Nervensignale umgewandelt.
Wenn wir sie wahrnehmen, werden wir innerlich bewegt.
Ohne körperliche Bewegung ist Klang nicht denkbar.

Mein musikethnologisches Interesse entdeckte ich auf meinen ersten außereuropäischen Reisen. Kulturen kennenzulernen, in denen die Musik und das Musikmachen ganz anders war, faszinierten mich nicht nur. Gleichzeitig der eigenen Kultur fremd zu werden, war für mich der Punkt, an dem mein Nachdenken über Musik begann.

Die fünf Nepalesen, die tagsüber unsere Rucksäcke tragen, packen abends ihre Instrumente aus. Eine leere Bierflasche wird zwischen die Saiten der Trommel gespannt, um sie auf die richtige Tonhöhe zu stimmen. Andere nehmen nur einen Stock zur Hand, mit dem sie auf eine Flasche schlagen können. Das reicht als Rhythmusinstrument für heute Abend auf dem Platz vor der Herberge, in der wir die letzte Nacht unserer Trekkingtour verbringen.

Dann singen sie ihre Lieder, halb für sich, halb für uns. Dazu zeigen sie ihre Tänze. Die Last der Arbeit, das Wandern in Flipflops, das immer gleiche Leben, das sie für andere geben, scheint von ihnen abzufallen.

»Siehst du«, meint die Freundin, die als Stewardess arbeitet und mich zu meiner ersten Reise außerhalb Europas mitgenommen hat, damit ich endlich mal was anderes sehe als Fernsehstudios. »Jetzt bist du auf den Geschmack gekommen, oder?«

Dann springt sie mit den anderen europäischen Frauen auf die Tanzfläche. Die Bewegungen, die die Nepalesen vormachen, kann keine nachahmen. Aber das hält sie nicht davon ab, sich so zu bewegen, wie es ihrer Meinung nach zur Musik passt. Alle wirbeln durcheinander und verschmelzen für Momente in ihren unterschiedlichen Bewegungen zu einem einzigen Klang. Ich kann mich dem gar nicht wehren und tauche mit in das Spiel ein. Plötzlich fühle ich mich all den Personen auf eine Art verbunden, wie wir die ganzen zwei Wochen nicht waren. Dabei haben wir in jeder Herberge die Duschen und Waschräume geteilt und manchmal sogar in gemeinsamen Schlafsälen übernachtet.

Am Ende des Abends gibt meine Freundin das große Versprechen, den Führern und Trägern Fotos von der Reise zu schicken. Aber unserer meint nur: »Ich mache das schon seit zehn Jahren. Alle versprechen das. Weißt du, wie viele Fotos ich bekommen habe? – Kein einziges.«

Die Nepalesen können diese kurzzeitige persönliche Nähe bei der nächsten Tour wiederholen und neu erleben. Für uns wird dieser Abend einmalig bleiben. Nur durch Fotos können wir ihn in Erinnerung rufen. Wird es mir auf Dauer ausreichen, beim Fernsehen Bilder über die Welt zusammenzuschneiden? Oder will ich auf der anderen Seite stehen?

Auf meiner ersten Feldforschungsreise in Westafrika erlebte ich, dass Musikler-
nen auch ganz anders vonstattengehen kann, als ich es in meiner Jugend erlebt
hatte. Diese Erkenntnis half mir, meine eigenen Erfahrungen beim Musizieren
besser zu verstehen.

> »My Lord is a good Lord – yes, he is!« Kurze, rhythmische Kehrverse
> singt die Gemeinde beim Einsammeln der Kollekte im Gottesdienst in
> Kamerun. Dazu wird geklatscht, getanzt und mit Gesten und dem ganzen
> Körper ausgedrückt, was der Inhalt der Lieder ist. Seit einer halben
> Stunde geht das so, die einzelnen Chorusse gehen wie bei einem DJ in der
> Disko unmerklich ineinander über. Ich komme mit dem Lernen der Me-
> lodien und Bewegungen gar nicht hinterher. Schwer vorstellbar, dass der
> deutsche Theologe, den ich in Berlin kennengelernt habe und der mich
> hierhergeschickt hat, während seiner Zeit als Dozent in den 1970er Jah-
> ren das alles mitgemacht hat.
> Später, draußen auf der Straße, frage ich meinen einheimischen Beglei-
> ter, nach welchem Kriterium die Lieder ausgewählt werden. Er sagt, man
> fängt einfach mit einem an, zum Beispiel: »Halle… Halle… hal…«. Er
> findet die Melodie nicht. Dann beginnt er, die Füße im Wechselschritt zu
> setzen, und schon strömt die Gesangslinie aus ihm heraus: »Hallelujah,
> hallelujah, hallelujah praise the Lord.«
> Ich denke daran, wie meine Hände beim Anblick unbekannter Klavier-
> noten oft anfangen, die Akkorde auf dem Tisch zu greifen, um innerlich
> herauszufinden, wie das Stück klingt. Oder wie es mir manchmal geht,
> wenn ich mich nach langer Pause zum ersten Mal wieder ans Klavier
> setze. Es ist nicht das Problem, die Noten zu lesen oder die Melodie in-
> nerlich zu hören. Meine Finger müssen sich zunächst an die Tastenab-
> stände und Bewegungsmuster erinnern. Wie wenig hat Musizieren oft
> mit Hören zu tun!

Nachdem ich lange beim Fernsehen mit Bewegtbildern gearbeitet hatte, begann
ich nun, mich auf wissenschaftliche Bücher mit Forschungen zu Musik und Bewegung zu stürzen. Deren Interpretationen reichten mir aber schnell nicht mehr.
Was ich später auf einer Reise durch Südafrika erlebte, zeigte mir, dass sich vieles
nicht in musikalischen Analysen fassen lässt.

> Mein deutscher Gastgeber an der Universität von Fort Hare fährt mich
> in ein kleines Xhosa-Dorf in der Nähe von Queenstown, zu dem er bei
> seinen Forschungen Kontakt aufgebaut hat. Eine Gruppe älterer Frauen
> mit ockerfarben bemalten Gesichtern in traditionellen Kostümen singt
> uns neu komponierte Lieder vor. Es sind alte Gesänge zum Bierbrauen,
> was hier eine exklusive Frauenangelegenheit ist. Sie haben die Verse mit
> präventiven Informationen zur AIDS-Pandemie erweitert. Damit wollen
> sie ihre Töchter über die Gefahren der Krankheit aufklären.

Eine Frau beginnt mit einem kurzen, absteigenden Motiv. Sofort stimmen alle anderen in eine harmonische, wellenförmig verschobene Begleitung ein. Es entsteht ein musikalischer Fluss, der nur gelegentlich durch höhere, schärfere Töne der Solostimmen unterbrochen wird. Als ich auf die Füße der Frauen schaue, fällt mir auf, dass die Musik keineswegs monoton ist. Abwechselnd betonen sie jeden dritten und vierten Schlag der Melodietöne mit einem festen Tritt. Ein unregelmäßiger Rhythmus, der nichts mit der Melodie zu tun hat und kaum wahrzunehmen ist.

»Das ist das Salz in der Suppe«, übersetzt mir mein Gastgeber, als wir uns später mit den Frauen unterhalten.

Ich weiß, wie schwierig es oft ist, anderen Musikerinnen und Musikern meine Kompositionen verständlich zu machen, selbst wenn ich ihnen Noten vorlege. Meine Melodien richtig zu spielen, ist nicht das Problem. Aber dass daraus wirklich Musik wird, dazu braucht es andere Zutaten. Oft muss ich das umständlich vormachen und lange Erklärungen abgeben.

Ich bin mir sicher, es ist die Unregelmäßigkeit zwischen Klang und Bewegung, die dazu beitragen wird, dass die Töchter der Frauen sich diese Lieder einprägen werden.

Achtung!

Unser Körper kann uns austricksen: Auf kleine Schürfwunden reagiert er empfindlich, bei größeren Verletzungen blendet er den Schmerz aus. Beim Musizieren ist es ähnlich: Auf kleine Fehler reagieren alle kritischer als auf Unzulänglichkeiten bei längeren Stücken.

Der Zusammenhang von Klang und Bewegung ist mir auch in anderer Weise in meinem Lebensumfeld begegnet. Bewegung ist ein zentraler Bestandteil des musikalischen Geschehens und oft das eigentliche Erlebnis.

Etwas beengt stehe ich mit einem koreanischen Studenten, der mit mir in Berlin seine Doktorarbeit schreibt, in der zweiten Reihe am Straßenrand. Er will mir unbedingt den Wagen mit den eleganten südkoreanischen Tänzerinnen präsentieren, die hier auftreten, damit ich auch etwas von seiner Kultur kennenlerne. Während sie an uns vorbeiziehen, rauscht schon ein Berliner Samba-Club mit viel Energie heran, vor dem halbnackte weiße Frauen wild tanzen. Dahinter höre ich ein Jugendsozialprojekt aus Kreuzberg seine Wut auf Blechtonnen ausleben.

All dem kann ich folgen, wenn ich mich auf das konzentriere, was ich vor Augen habe. Denn hinter mir dröhnt wummernde House-Musik aus einer Kneipe, vor der heute auf einem improvisierten Straßenstand Bier verkauft wird. Zu unseren beiden Seiten und von den Balkonen der Anwohner höre ich Rufe und Schreie von Menschen, die sich auf diesem »Karneval der Kulturen« in Berlin zu verständigen versuchen. Die Handynetze sind wegen der Menschenmassen längst zusammengebrochen. Jetzt müssen wir uns entscheiden: Einer Gruppe folgen, um länger ihrer Musik zu lauschen? Am Straßenrand stehen bleiben und der langsamen Durchmischung der Musikstile zuhören? Oder gegen die Fahrtrichtung der Autos laufen, um die klanglichen Wechsel noch zu beschleunigen? An einem Informationsstand entdecken wir CDs mit Kompilationen der besten Lieder der einzelnen Gruppen aus vergangenen Jahren. Mein Freund würde mir gerne eine schenken, aber ich reagiere verhalten. Es gibt einen Grund, warum die Veranstalter mittlerweile darauf verzichten, solche Alben zu produzieren. Der Reiz dieses Karnevals liegt nicht darin, einzelne Gruppen mit ihren Darbietungen zu hören. Es geht darum, ein musikalisches Chaos zu zelebrieren und immer weiter zu steigern. Zusammen stürzen mein koreanischer Freund und ich uns gleich wieder genau dort hinein.

Mit der Zeit merkte ich, dass ich mich selbst wieder in Schwung bringen musste, um Musik auf neue Art und Weise zu genießen. Die Bewegungen, die ich nun bewusst zur Tonerzeugung machte, veränderten sogar meine Wahrnehmung von Repertoire, das ich zu kennen glaubte.

Ich bin kein besonders guter Blattspieler, vor allem, wenn ich das Stück nicht einmal vom Hören kenne. Außerdem langweilt mich Barockmusik im Allgemeinen und Kammermusik im Besonderen. So reagiere ich zunächst abwehrend, als mich während eines erneuten Aufenthalts in der Thüringischen Sommerakademie ein Teilnehmer eines Zeichenkurses fragt, ob ich nicht Lust hätte, mit ihm nachmittags ein paar Flötensonaten durchzuspielen.

Ich habe mich dort für zwei Wochen einquartiert, um in Ruhe komponieren zu können, und stecke gerade an einer komplizierten Stelle in einem Chorstück fest. Meine Auslandsaufenthalte in den letzten Jahren sollten mich doch inspirieren. Haben sie mich womöglich von meinem Kompositionsstil entfremdet? Bislang bekomme ich nur Nackenschmerzen von der Arbeit.

Zum Glück ist die Klavierstimme nicht allzu schwierig und ich finde schnell in das Spiel hinein. Nach ein paar Versuchen, Neueinsätzen und wackeligem Durchspielen finden wir langsam musikalisch zusammen. Ohne genau zu merken wann, spüre ich auf einmal, wie viel Spaß es mir macht. Der ständige Wechsel der musikalischen Ideen zwischen Klavier und Flöte, das Vorspielen der Melodie hier, das Zurücknehmen des eigenen Parts dort, das Anspielen eines Motivs in einem Instrument, das

Echo des anderen dazu. Ich passe mich dem ständigen Wechsel von der Neben- zur Hauptrolle und zurück an, nehme mir das Recht heraus, im Vordergrund zu führen, und genieße es, im Hintergrund zu begleiten. Dabei spüre ich immer mehr, wie sich meine inneren musikalischen Knoten wie von selbst auflösen und ich ganz in meinem Körper bin.

Es gibt Musik, die komponiert wurde, um gehört zu werden, und Musik, die sich beim eigenen Spielen entfaltet. Es ist eine Kunst, in beiden Stilen schreiben zu können. Es ist ein hartes Stück Arbeit, beides gleichzeitig in einem Werk zu schaffen. Auf jeden Fall weiß ich jetzt, was meiner Komposition bisher gefehlt hat. Wie konnte ich nur denken, dass ein mehrstimmiges Werk aus einer Hand kommen kann? So etwas braucht mehrere Beteiligte.

Bei weiteren Reisen fiel mir auf, wie Musizieren eine körperliche Freiheit geben kann, die manchmal in anderen Lebensbereichen nicht möglich ist. Sich körperlich mit Tönen ausdrücken zu dürfen, ist oft wichtiger als der Musikstil.

Das Einkaufszentrum in Teheran war wohl gerade fertig, als die USA ihre Sanktionen gegen den Iran wieder verschärften. Jetzt stehen die meisten Geschäfte leer und die Investoren warten auf bessere Zeiten. Mein iranischer Kollege und ich fahren mit der Rolltreppe in den dritten Stock, wo in einer halbfertigen Kunstgalerie ein buntes Ensemble junger Musiker und Sängerinnen zwischen Spanplatten und Farbeimern im Halbkreis zusammensitzt. Mit Begeisterung üben sie persische Musik. Die Sängerin lässt ihre Stimme durch ihren ganzen Körper dringen, die Kamantsche-Spieler entlocken mit weiten Armbewegungen ihren Instrumenten weiche Klänge und der Perkussionist vibriert förmlich, während er seine Trommel schlägt.

Als ich mich in der Pause mit den Männern darüber unterhalte, warum sie in der heutigen Zeit ausgerechnet ein Instrument wie die Tar lernen, fängt einer sofort an, mir lebhaft zu beweisen, dass er auf diesem Instrument auch Jazz und internationalen Rock spielen kann. Der Spaß, den er dabei hat, sein Instrument um die eigene Achse fliegen zu lassen, und die Freude an der Musik, die er ausstrahlt, umweht uns förmlich wie eine Windhose. In Deutschland würde er so manchen Straßenmusiker locker in den Schatten stellen. Schade, dass er sein Talent bei uns nicht ausleben kann.

Dieses Ensemble macht weiter, um bereit zu sein für den Moment, in dem sie mit all ihrer Musik und ihren Emotionen nach draußen gehen dürfen. Das gemeinsame Musizieren hilft ihnen vorerst zu akzeptieren, dass sie der Sehnsucht nach Improvisation in ihrem Leben keinen größeren Raum geben können. Vielleicht ist das keine so schlechte Zwischennutzung des Gebäudes.

Entspann dich!

Tanze immer, auch wenn du dich nicht bewegen kannst. In den Momenten, in denen dich die Leute bei der Feldforschung auslachen, weil du Fehlleistungen erbringst, lernst du am besten die Regeln ihrer Musikkultur kennen.

Als ich schließlich die Möglichkeit hatte, mich beruflich mit meinen verschiedenen musikalischen Forschungen auseinanderzusetzen, war das für mich nicht vorstellbar, ohne mich selbst zu bewegen. Das Schreiben über Musik und Gesten erfordert ein körperliches Denken.

Ich habe mich vom Tisch losgerissen und laufe wieder meine bekannte Strecke. Meine Füße schlagen ihren Rhythmus, den meine Arme lautlos schwingend begleiten. Darüber legt sich eine undurchdringlich bewegte Fläche aus hoch klingendem Vogelgezwitscher. Vorbeifahrende Autos ziehen ein Klangband durch alle Schichten. Hin und wieder setzt eine entfernte Friedhofsglocke oder ein Autohupen an der Straßenkreuzung einen kurzen Akzent. Das ist der Klangraum, in dem ich zur Ruhe komme und in dem sich meine Gedanken neu ordnen. Ohne es zu steuern, tauchen neue Verbindungen in meinem Bewusstsein auf.

Die anderen denken immer, ich mache Sport, um körperlich fit zu bleiben. Dabei will ich nur in diesen rhythmischen Fluss kommen. Ich weiß genau, dass ich nach einer Stunde wieder an meinem Schreibtisch sitze, mit einer Erkenntnis, was ich bisher falsch formuliert habe, und mit einer neuen Idee, wie ich mit meinem Text weitermachen kann.

Fassungslos schaue ich den anderen Joggern hinterher, die ihr Handy am Oberarm tragen und Musik im Ohr brauchen, um ihre Strecke zu schaffen. Es ist mir unbegreiflich, wie man Spaß daran haben kann, im Fitnessstudio auf Bändern zu laufen und gleichzeitig fernzusehen. Die Klänge, die ich beim Laufen höre, ermöglichen mir erst den Zugang zum logischen Klang in mir.

Nun verspürte ich den Drang, über den Zusammenhang von Klang und Bewegung nachzudenken, weil ich die verschiedenen Funktionen und Bedeutungen von Gesten auf der Welt verstehen wollte. Ich erhielt dadurch zugleich die Freiheit, meinen Körper nicht mehr durch Üben und Trainieren zu zwingen, eine bestimmte Musik auszuführen. Endlich konnte ich mir das Recht herausnehmen, jede Form von Musik an meinen körperlichen Ausdruck anzupassen. Als ich auf diese Weise anfing mich wahrzunehmen, öffneten sich gleichzeitig neue musikalische Wege in eine innere Welt.

Reflexion

Gedanken können sich im Kreis drehen oder Sprünge machen. Lass den Tanz in deinem Kopf beginnen.

- Auf welche Art hörst du gerne Musik? Liegst du lieber auf dem Sofa oder möchtest du tanzen?
- Welche Musik hat dich einmal so richtig in Schwung gebracht? Wie hat sie dein Leben verändert?
- Wie ist dein Lebensrhythmus? In welchen Situationen kannst du dich dem Rhythmus deiner Umgebung nicht anpassen?

Aufgabe

Sieh dir einen Abend lang Videoclips oder Musikfilme ohne Ton an. Versuche, dir den Klang vorzustellen.

- Was verraten dir die Bewegungen der Menschen über die Filmmusik?
- Welche Bilder rufen in dir keine Klänge hervor?
- Welche Szenen gefallen dir ohne Ton sogar besser?

4.2 Spiritualität und Heilung

Am Anfang war das Wort?
Am Anfang war der Klang?
Auf jeden Fall gab es einen Anfang.
Und jedes neue Wort und jeder zukünftige Klang
beziehen sich immer wieder darauf.

Bei meinen Feldforschungen bin ich immer wieder auf Kulturen gestoßen, für die die Ausübung einer Religion selbstverständlicher Teil des menschlichen Lebens ist. Ich hingegen lebte in einem weitgehend säkularen Umfeld, was meine Gesprächspartnerinnen und -partner kaum nachvollziehen konnten. Mir wurde bewusst, dass ich meine eigenen spirituellen Wurzeln finden musste, wenn ich wollte, dass sie mich weiterhin ernst nahmen.

> Ich stehe auf der Stupa von Bodnath in Kathmandu und fühle den Augenblick. Die Mönche am Rande der umliegenden Häuser gehen konzentriert ihrer Arbeit nach; die Kindermönche spielen im Vorhof fröhlich Fußball; ich höre das Klappern der sich drehenden Gebetsmühlen und wie der Wind die Gebete auf den Fahnen aufwirbelt. Aus den Souvenirläden tönt die immer gleiche CD »Om mani padme hum«. Es ist, als würde sich die Welt um diesen Ort drehen. Und ich spüre, wie das Auge Buddhas auf mich herabblickt.
>
> Ein Bild aus meiner Kindheit steigt in mir auf: Begeistert laufe ich über den Rasen des warmen Innenhofs zu einem Brunnen in der Mitte, in dessen Fontäne sich die Sonnenstrahlen spiegeln und mich blinzeln lassen. Das Wasser plätschert, das springende Licht klimpert und ein leichter Wind streicht mir durchs Haar. Ich schaue in alle Richtungen und sehe auf jeder Seite den gleichen, aus dunklem Naturstein gemauerten und überdachten Gang. Wie geborgen fühle ich mich hier, als hätte ich in einem anderen Leben Jahre an einem solchen Ort verbracht.
>
> Musste ich bis nach Nepal reisen, um mich an dieses Gefühl zu erinnern? Wäre das nicht einfacher zu erreichen gewesen? Doch wie als Kind schon bin ich froh, nach einem Moment der Stille wieder aufbrechen zu können. Unter mir auf den Bänken vor einem Restaurant wartet meine Freundin und zwei weitere Frauen auf mich, mit denen ich hier durchs Land reisen will. Das Gefühl von hier oben werde ich lange in mir tragen. Aber für dieses Leben gibt es einen anderen Plan für mich.

In meinem Leben machte ich nie die Erfahrung, mir ein religiöses Gefühl durch Glauben erwerben zu können. Ich konnte mich nur auf die Suche begeben. Wenn ich dabei in die richtige Stimmung kam, hatte ich manchmal das Glück, eine Klangwelt zu erahnen, die mir bis dahin verborgen geblieben war.

> Die Pilgerherberge mit einem Schlafsaal für 20 Personen ist das einzige noch bewohnte Haus in dem kleinen Dorf im Norden Spaniens. Der Rest der Bevölkerung hat die karge Gegend längst verlassen. Am Abend kocht der verbliebene Herbergsvater einen heißen Eintopf, den er uns an einem großen Tisch vor dem Haus serviert. Dann spricht er uns Mut zu für den langen Weg, der noch vor uns liegt.
>
> Während sich die anderen Deutschen über ihre Erfahrungen mit verspäteten und falsch abgegebenen Postpaketen austauschen, schmerzen mir

die Schultern von meinem Rucksack, der viel zu schwer ist. Ich zweifle, ob ich die vor mir liegenden 800 Kilometer schaffen werde. Da entdeckt ein Spanier in einem Zimmer der Herberge eine Gitarre und beginnt, die Gespräche leise zu begleiten. Wie von selbst wird es plötzlich still und wir hören ihm nur noch zu. Dann versuchen wir – erst zaghaft, dann mutiger – in die Refrains seiner Lieder einzustimmen. Sie sind leicht zu lernen, auch wenn ich nicht viel von dem verstehe, was ich singe.

Der Abend strahlt plötzlich eine hoffnungsvolle Stimmung aus, die Sorgen verschwinden, das Leben zu Hause tritt in den Hintergrund und eine innere Freiheit bahnt sich ihren Weg. Am nächsten Tag fühle ich mich angekommen in dem Land, das mich umgibt. Ich werfe ein paar Gegenstände, von denen ich glaubte, sie unbedingt zu brauchen, in einen Müllcontainer am Rand des Weges: Flip-Flops für dreckige Duschen, eine Regenhose für schlechtes Wetter und meinen einzigen Roman zur Ablenkung. Hab Vertrauen in das Leben!

Dann schaue ich auf die Berge, nehme das unhörbare Echo der lebendigen Welt wahr und spüre, wie alles um mich herum mit mir spricht und klingt. Es gibt die »musica mundana« wirklich, von der die alten Musiktheoretiker schrieben. Man muss nur bereit sein, sie zu hören.

Die Frage, ob ich an etwas glaube, stellte sich mir allerdings unweigerlich, wenn ich mit dem Sterben nahestehender Menschen konfrontiert wurde. Musik spielt nicht nur seit jeher in vielen Kulturen eine zentrale Rolle, um den Übergang vom Leben zum Tod zu begleiten. Auch bei uns ist das weiterhin so.

Kurz nachdem ein guter Studienfreund von mir nach mehreren zermürbenden Anläufen und mit viel Mühen endlich sein Theologie-Examen bestanden hat, kommt er bei einem Badeunfall ums Leben. Leichtsinnig ist er im Dunkeln kopfüber an einer nur hüfttiefen Stelle in den Wannsee gesprungen. Nachdem er jahrelang drei tote Sprachen gelernt hat, ist sein Leben in Sekunden ausgelöscht.

Am Anfang unseres Studiums habe ich viel mit ihm musiziert. Er spielte leidenschaftlich gern Klavier und konnte sich in Improvisationen verlieren, als wäre Musik sein eigentlicher Lebensinhalt. Seine Lieder waren immer leicht, poppig und angenehm schwebend. Von den Problemen seines Lebens war in ihnen nichts zu spüren.

»Sometimes people are strange,/ sometimes people just don't behave.« Zusammen haben wir in einem Studentenwohnheim einen Liederabend gegeben. Jetzt suche ich in einer meiner großen Schachteln nach der Aufnahme von damals und bin froh, dass ich die Kassette nicht weggeworfen habe. Vier Lieder und drei Klavierstücke sind mir von ihm geblieben. Aus den verrauschten Aufnahmen ist seine Stimme deutlich zu vernehmen. Die Klänge drücken immer noch das aus, was ihn so besonders machte, obwohl er nicht perfekt Klavier spielen konnte. Seine Gedanken und

seine Gefühle sind noch genauso da, wie ich sie damals gehört habe. Sie
waren so anders als alles, was im Radio gespielt wurde. Und man spürt,
was für eine Hoffnung in ihm steckte.
Seine Musik macht ihn für mich klanglich unsterblich und lässt seine
Persönlichkeit nicht untergehen. Sie hat den Prüfungen seines Lebens
standgehalten und beweist, dass sie das überstrahlen kann, was seinen
Alltag oft überschattet hat.

Achtung!

Egal woran du glaubst, halte dich in fremden Kulturen an
die universellen Grundsätze aller Religionen: Sei gast-
freundlich, ehrlich und stehle nicht. Die lokalen Götter werden dich früher oder später bestrafen, wenn du diese Regeln brichst.

Das Transzendente trat von Zeit zu Zeit auch in Form eines Déjà-vus in mein
Leben. Ich erlebte Situationen, von denen ich glaubte, sie schon zu kennen.
Manchmal handelte es sich auch nur um Traumbilder, die auf einmal einen Sinn
ergaben.

Kaum habe ich meinen Platz im Flugzeug eingenommen, das mich von
Shanghai zurück nach Deutschland bringen soll, habe ich schon keine
Lust mehr auf Fliegen. Wie soll ich die lange, qualvolle Reise auf dem
engen Sitz aushalten, mit wenig Bewegungsfreiheit für meine langen
Beine? Mir schmeckt das Essen im Flugzeug nicht, ich will mir die Zeit
nicht mit Filmen vertreiben und die trockene Luft greift meine Nasen-
schleimhäute an. Eigentlich will ich nach den vergangenen Wochen gar
nicht nach Hause fliegen. Während ich vor meinem kleinen Fenster auf
die Wolkenberge unter mir schaue, versuche ich einzuschlafen, döse aber
immer nur für ein paar Sekunden weg.
Da wecken mich Streicherklänge. Tatsächlich! Ein deutsches Jugendor-
chester ist an Bord. Die Jungen und Mädchen haben ihre Instrumente
ausgepackt und spielen zur Freude von Passagieren und Besatzung auswendig einfache klassische Stücke. Das laute Dröhnen der Maschinen
verwandelt sich mit einem Mal in den Klang schwingender Hölzer. Ich
entspanne und kann den Flug endlich genießen.
In meiner Jugend träumte ich einen Traum mehrere Male: Ich gehe
durch die Gassen einer Altstadt. Als ich die Luft anhalte, hebe ich wie
selbstverständlich vom Boden ab und schwebe immer weiter in die Höhe.
Zuerst schaue ich in die Wohnzimmer der Menschen und sehe ihnen
beim Abendessen zu. Dann fliege ich über die Dächer und einen Fluss in

Richtung eines fernen Waldes. In dessen Baumkronen hängen Wolken, die seltsam harmonische Klänge von sich geben.

Das waren Träume, aus denen ich nicht mehr aufwachen wollte, so schön war das Gefühl des Fliegens. Jetzt beim Klang des Jugendorchesters fällt mir auf: Solche Bilder und Klänge habe ich schon lange nicht mehr im Schlaf erlebt. Vielleicht, weil ich endlich einen Weg eingeschlagen habe, der ihnen entspricht.

Beim Musikhören denke ich gerne an Situationen und Menschen, mit denen ich sie zusammen geteilt habe. Bewusstes Zuhören und sensibles Nachspüren kann bei mir aber auch dazu führen, dass persönliche Verbindungen erneut Zeit und Raum überbrücken.

Als ich meine Sachen für den Umzug in Kisten packe, fällt aus einem Ordner mit alten Kompositionsskizzen eine Postkarte von ihr. Die hat sie mir damals aus dem Ort »Nepomuk« in Tschechien geschickt. Was macht das Mädchen im *Depeche Mode*-Shirt wohl heute? Ob sie ihren Lebenstraum verwirklichen konnte und Schauspielerin geworden ist? Ein paar Klicks und ich habe einen Kontakt von ihr im Internet gefunden. Sie arbeitet in einem Steuerbüro. Ich kann nicht anders und muss ihr kurz schreiben.

Damals saß ich stundenlang am Klavier und versuchte mit Tönen etwas zu erschaffen, das ihr ähnlich sein könnte und wie ein Bild von ihr vor mir schweben würde. Diese Melodien haben die Freundschaft mit ihr überdauert. Ich konnte sie auf vielen Klavieren, an vielen Orten, vor unterschiedlichen Leuten spielen, ohne dass sie je dabei war. Die Stücke haben sich längst von ihrem Ursprung gelöst und im Laufe der Jahre weiterentwickelt. Sie sind von etwas ›für jemanden‹ zu etwas ›von mir‹ geworden. Das war wohl nur möglich, weil wir getrennte Wege gingen.

Wenige Minuten später habe ich eine Antwort von ihr. Sie ist freudig überrascht, dass ich mich gerade jetzt wieder melde. Sie habe in den letzten Monaten immer wieder an mich denken müssen.

»Vor einem halben Jahr habe ich angefangen, Gitarre zu spielen. Davon habe ich schon lange geträumt, es mir aber nie zugetraut. Ich dachte, ich sei völlig unmusikalisch. Vielleicht weil ich mich immer mit dir verglichen habe. Das hat sich jetzt endlich verändert.«

Ich beschließe, die Postkarte und die Kompositionsskizzen nicht mehr mitzunehmen, wenn ich jetzt mit meiner Freundin zusammenziehe. Sie haben ihre Aufgabe erfüllt.

Religiöse Musik will uns in Kontakt mit einer transzendenten Welt bringen. Ich habe aber auch erfahren, dass diese Musik in sich die Kraft besitzen kann, uns in dieser Welt zu schützen und zu bewahren.

An dieser Stelle des Franziskusweges in Italien gibt es kein Ausweichen, keine Alternativroute, keine Möglichkeit für uns, die Strecke zu überspringen. Wir müssen die nächsten Kilometer entlang einer stark befahrenen Landstraße in einem gewundenen Tal weiter in Richtung Rom gehen. Ständig rauschen Lastwagen an uns vorbei und ziehen uns fast mit, wenn wir nicht aufpassen. Auf der anderen Straßenseite kommen uns ebenso Fahrzeuge mit lautem Donnern und Dröhnen entgegen. Hintereinander, dicht an die Leitplanke gepresst, zwängen wir uns durch dieses Nadelöhr und versuchen, die Abgase und den Lärm der Motoren zu ignorieren.

Ich habe Angst, dass sie sich gleich zu mir umdreht und den Abbruch des Urlaubs verkündet, zu dem ich sie überredet habe. Stattdessen höre ich sie auf einmal durch den Lärm hindurch »In manus tuas pater« singen. Ich bemühe mich, in die Wiederholung einzustimmen und versuche, trotz der Situation, die Melodie ohne Druck durch mich durchlaufen zu lassen. Es klingt vielleicht nicht so, wie ich es von Taizé-Gebeten gewohnt bin, aber mit jeder Wiederholung höre ich uns besser. Wir finden einen Rhythmus im Singen und Laufen. Irgendwann traue ich mich, in die Bassstimme zu springen. Ganz langsam scheint der Straßenlärm da leiser zu werden. Wie eine Blase umgibt uns der Gesang: Die Melodie öffnet sich, steigt auf, sinkt leicht ab und schließt sich wieder, um sich gleich erneut zu öffnen. Da kommt eine Gewissheit auf uns zu, die uns friedlich gemeinsam ans Ende dieses Weges führt.

Jedes Mal, wenn ich diesen Gesang später in Gebetsräumen, in Kirchen oder in Messe- und Sporthallen singe, fühle ich mich in diesen Moment in Italien zurückversetzt. Als hätte der meditative Gesang seine Kraft gerade dadurch gewonnen, dass er sich nicht in einem ruhigen Moment entfalten konnte.

Entspann dich!

Wenn dich jemand bei deiner Forschung von völlig abwegigen religiösen Ansichten überzeugen will, reagiere am besten mit einem freundlichen Lächeln und einem Kopfnicken: »Sie werden schon recht haben.«

Religiöse Erfahrungen haben schließlich auch mit einer Praxis zu tun. Die Orientierung an mythischen Erzählungen oder die Wiederholung von Ritualen mag von außen bedeutungslos erscheinen. Wenn man sie allerdings selbst ausführt, können wir unerwartete Erfahrungen machen.

> Es ist später Nachmittag, als ich erschöpft die kleine achteckige Kapelle in Navarra erreiche, die in einer Talsenke inmitten von Sonnenblumenfeldern liegt. Meine Füße schmerzen und ich bin halb am Verdursten. In den letzten Tagen habe ich mir mehrere Blasen an den Zehen und den Fußsohlen gelaufen und ich weiß nicht, ob ich am nächsten Tag überhaupt weiterwandern kann.
>
> Da kommt ein Spanier auf mich zu, dem ich in der letzten Woche mehrfach begegnet bin. Obwohl er weiß, dass ich seine Sprache nicht spreche, versucht er mir mit Händen und Füßen zu erklären, dass dies ein heiliger Ort sei. Wie Moses vor dem brennenden Dornbusch soll ich meine Schuhe ausziehen und dann dreimal barfuß um die Kirche laufen, bevor ich sie betrete.
>
> Erst zweifle ich, ob ich ihn richtig verstanden habe. Dann denke ich mir, dass jetzt eigentlich alles schon so egal ist, dass ich ihm zuliebe das gerne glauben will und gehorsam seiner Anweisung folge. Die erste Runde barfuß auf dem Kieselsteinweg rund um die Kapelle löst einen tiefen Schmerz aus. Bei der zweiten werden meine Füße langsam taub und ich spüre den Boden nicht mehr. Während der dritten habe ich das Gefühl, alle Last zu verlieren und vom Boden abzuheben, während gleichzeitig jede Zelle meines Körpers wieder erwacht. In dieser Hochstimmung betrete ich das Innere der Kapelle und das Licht durch die bunten Alabaster-Kirchenfenster überschüttet mich mit den Klangfarben eines himmlischen Orchesters.
>
> Es ist im Leben oft nicht so wichtig, etwas zu glauben oder zu wissen. Es geht darum, anderen zu vertrauen und offen für Erfahrungen zu sein,

Körper und Geist mit Musik und Klang verbunden, hatte ich endlich meinen eigenen Weg gefunden, das Phänomen in all seinen sozialen und religiösen Bedeutungen zu verstehen. Das war das Rüstzeug, das ich für meine wissenschaftliche Arbeit brauchte. Gleichzeitig war ich wieder in der Lage, verschiedene Formen musikalischer Darbietungen unvoreingenommen zu genießen. Dabei entdeckte ich Dimensionen, die ich vorher übersehen hatte.

Reflexion

Die Welt ist Klang. Aber wie wir ihn nutzen, liegt an uns.

- Wann hat dir Musik in deinem Leben geholfen, Schwierigkeiten zu überwinden? Wann hat sie dein Leben verändert?
- Warum fühlt man sich nach dem Musizieren manchmal todmüde und manchmal wie neugeboren?
- Welche Musik klingt für dich nach Ewigkeit?

Aufgabe

Schreibe eine Liste mit fünf Musikstücken, die bei deiner Beerdigung gespielt werden sollen.

- Was sagen diese Stücke über deine Lebensfreude und Lebenskraft aus?
- Verraten sie etwas über deine Vorstellung von einem Leben nach dem Tod?
- Wie können sie die versammelten Familienangehörigen und Bekannten trösten?

5 Musik leben

5.1 Liebhaber schlechter Musik

**Gute Musik kann man genießen.
An schlechter Musik kann man sich erfreuen.**

Der Komponist Kurt Weill sagte einmal: »Ich habe niemals den Unterschied zwischen ›ernster‹ und ›leichter‹ Musik anerkannt. Es gibt nur gute und schlechte Musik.« Nach meinen Feldforschungserfahrungen verabschiedete ich mich als erstes von solchen bewertenden Kategorien. Ich glaube, Musikethnologinnen und -ethnologen sollten sogar ein gesteigertes Interesse an sogenannter schlechter Musik entwickeln. Nur dann können wir uns für die menschlichen Schicksale hinter den Klängen öffnen.

> Nach langem Warten auf dem Bahnsteig, es ist schon dunkel, kommt endlich die ersehnte S-Bahn. Das Abteil ist überfüllt, trotzdem quetschen wir uns mit dem Kinderwagen hinein, denn unsere Tochter muss so schnell wie möglich nach Hause. Nur widerwillig machen die Leute Platz, als wir sie auf den Rollstuhl- und Kinderwagenbereich hinweisen.
>
> Direkt neben uns drängelt sich ein ziemlich verwahrlost aussehendes und nicht gerade angenehm riechendes Pärchen mit Bierflaschen in der Hand. Das scheint nicht der einzige Alkohol zu sein, dem sie an diesem Tag zugesprochen haben. Ich habe ein schlechtes Gewissen, unsere sechs Monate alte Tochter ausgerechnet solchen Leuten auszusetzen und versuche, mich schützend zwischen die beiden und den Kinderwagen zu stellen.
>
> Da schaut der Mann an mir vorbei und lächelt die Kleine an. Was für ein süßes Kind wir doch hätten. Seine Begleiterin ergänzt, so eins hätte sie sich auch immer gewünscht. Und ein wenig lallend fängt er an zu singen:
> »La-le-lu, nur der Mann im Mond schaut zu,
> Wenn die kleinen Babys schlafen, drum schlaf auch du...«
> Für einen Moment ist in seiner brüchigen Stimme etwas zu hören, das es mir wieder erlaubt, in ihm nicht nur einen Alkoholiker zu sehen. Ich höre ein Leid aus ihm heraus und eine Sehnsucht nach Geborgenheit, die er vielleicht schon als Kind nicht bekommen hat. So räume ich ihm gerne etwas mehr Platz in der Enge des S-Bahn-Wagens ein und hoffe, dass auch er an diesem Abend irgendwo gut einschlafen wird.

Nach dem Musikethnologen Bruno Nettl geht es bei der Einteilung in höher- und minderwertige Musik nur um die Wahrnehmung von »authentisch« oder »nicht authentisch«. In vielen Kulturen habe die Qualität überhaupt keine Bedeutung. Ich habe selbst in meiner eigenen Kultur erlebt, dass eine laienhafte Darbietung einem gemeinsamen Musikerlebnis keinen Abbruch tun muss.

> In dem alten deutschen Film *Die Drei von der Tankstelle* sitzen die Protagonisten in einer Szene im Auto und singen gemeinsam den Hit der *Comedian Harmonists*: »Ein Freund, ein guter Freund...«. Das halten nur Menschen für eine übertriebene Inszenierung, die im Leben keine guten Freunde gefunden haben.

Ich sitze mit zwei ehemaligen Mitschülern im Auto. Wir sind auf dem Weg nach Lübeck, um nach vielen Jahren mal wieder allein ohne unsere Familien Urlaub zu machen. Der Kofferraum ist wie früher voll mit Esswaren, die wir planlos in einem Discounter eingekauft haben.

Im Laufe der Jahre haben sich unsere Musikgeschmäcker – freundlich ausgedrückt – etwas auseinanderentwickelt. Zum Glück können wir uns immer noch auf *The Beatles* einigen und hören nun gemeinsam das »blaue«, »rote« und »weiße Album« rauf und runter. Zwischendurch darf es auch mal ein Song von John Lennon sein.

Das Solo in dem Lied »Jealous Guy« nehmen wir zum Anlass, alle weiteren Melodien ebenfalls mitzupfeifen. Allerdings in einer so ausgeklügelten Mehrstimmigkeit, dass wir spontan drei neue, zusätzliche, im Arrangement gar nicht vorgesehene Pfeifstimmen in bisher nicht vorhandenen Tonleitern und Intonationen erfinden. Die Herausforderung für jeden von uns besteht nun darin, seine eigene Pfeifstimme zu halten und nicht vor Lachen zusammenzubrechen.

Weil wir diesen harten Wettbewerb aushalten, werden wir uns auch weiterhin gegenseitig aushalten. Das ist ein gutes Klangzeichen!

Der Popmusikforscher Simon Frith geht noch weiter und sieht den Unterschied zwischen guter und schlechter Musik darin, ob es gelingt, eine Botschaft an das Publikum zu vermitteln: »Gute Musik ist Ausdruck von etwas – einer Person, einer Idee, eines Gefühls, eines gemeinsamen Erlebnisses, des Zeitgeistes. Schlechte Musik ist unauthentisch – sie drückt somit nichts aus«. In der Tat setzt eine wichtige Botschaft keine qualitativ hochwertige Aufführung voraus.

Sie nennen sich *African Angels* und sind zum ersten Mal in der Berliner Philharmonie zu Gast. Der Chor der Cape Town Opera ist der einzige seiner Art auf dem afrikanischen Kontinent. Zu Klavierbegleitung tragen sie eine Mischung aus populären europäischen Opernmelodien und international bekannten südafrikanischen Liedern vor. Die mehrheitlich Schwarzen singen mit Begeisterung und vollem Einsatz, auch wenn ihnen die Aussprache der deutschen und französischen Texte Mühe bereitet. Mit einem deutschen Opernchor können sie sich kaum messen, aber das ist der falsche Maßstab. Ein Chor namens *German Angels* könnte niemals südafrikanische Lieder im Isicathamiya-Stil mit den entsprechenden Gesten und Tanzbewegungen singen wie die Menschen hier. Außerdem sind aus diesem Ensemble einige südafrikanische Opernsängerinnen und -sänger hervorgegangen, die in den letzten Jahren weltweit Karriere gemacht haben. Ich höre also vielleicht junge Talente, deren Zukunft noch nicht abzusehen ist.

Dann, fast am Ende des Konzerts, stimmen sie den Freiheitschor »Va, pensiero« aus Verdis *Nabucco* an. Diese Musik aus dem Jahr 1842 schildert die biblische Leidenserfahrung der Hebräer, die in der babyloni-

schen Gefangenschaft darauf vertrauen, dass Gott sie befreit und in ihr
Land zurückführt. Obwohl kein großer Orchesterklang das Stück begleitet, liegt vom ersten Takt an ein Knistern in der Luft. Der historische
Hintergrund mag mythisch verzerrt sein, die Musik fast 180 Jahre alt und
in einer anderen Kultur entstanden – das Gefühl und die Sehnsucht nach
Freiheit kennen aber alle Sängerinnen und Sänger hier nur zu gut aus
ihrem Leben und den leidvollen Erfahrungen ihrer Familien. Da springt
der Funke im Konzert plötzlich über. Bei Freiheitskämpfen spielt musikalische Perfektion keine Rolle.

Achtung!

Suche dir nicht die perfekt produzierte und inszenierte Musik zur Forschung aus. Meist stecken hinter semiprofessio-
nellen Auftritten die interessanteren Menschen. Zu viel
Show und Enthusiasmus ist oft ein Zeichen von Scheinhei-
ligkeit.

Der Musikhistoriker Hans Heinrich Eggebrecht gibt dagegen zu: »Ich habe eine
heimliche Schwäche auch für dasjenige, was ich ›schlecht‹ finde.« Eine Faszina-
tion für etwas, das einem eigentlich nichts bedeutet, ist meiner Erfahrung nach
allerdings oft darauf zurückzuführen, dass man andere damit provozieren will.

Meine 7-jährige Tochter kommt von einem Ferienmalkurs mit älteren
Kindern nach Hause und beginnt vor sich hin zu singen: »Paule heißt er,
ist Bademeister, im Schwimmbad an der Ecke…« Wie lange habe ich dieses Lied nicht mehr gehört? Mir fällt sofort der Refrain wieder ein. Was
für eine Verschwendung von Gehirnzellen! Nur gut, dass sie noch nicht
weiß, was »er bringt kleine Mädchen zur Strecke« bedeutet.
Ich erinnere mich, wie ein Mitschüler in der 8. Klasse mir zum ersten Mal
im Schullandheim unter dem Siegel der Verschwiegenheit auf seinem
Kassettenrekorder »Ab 18« vorspielte. Woher er die Kopie des indizier-
ten Albums hatte, wollte er nicht sagen. Es rauschte, als wäre sie schon
hundertmal überspielt worden. Das Arrangement der Lieder war mehr
als simpel, aber die Texte blieben selbst mir beim ersten Hören gleich
hängen.
Nie zuvor hatte ich eine solche Ansammlung von Songs voller humor-
voller Provokation, gnadenloser Übertreibung und realitätsferner sexu-
eller Fantasien gehört: von inzestuösen Beziehungen, sexuellen Fessel-
spielen, sodomitisch veranlagten Frauen, einem prügelnden Bundes-
kanzler und einem Dreck- und Gestank-Fetischisten. Viele dieser Tabus
wären uns Teenagern von allein gar nicht in den Sinn gekommen. In den

folgenden zwei Wochen wurden die Lieder nicht nur heimlich in den Zimmern gehört, sondern auch bei Ausflügen ins bayerische Altmühltal laut gesungen. Unser Klassenlehrer nannte sie »selbstzerstörerisch«. Damit gab er sich endgültig der Lächerlichkeit preis.

In den Monaten danach machte sich jeder in unserer Klasse eine Kopie davon, sofern er sowas Geniales wie ein Kassettendoppeldeck besaß. Ich kann mich nicht erinnern, dass die Eltern von irgendjemandem gegen diese Musik eingeschritten wären. Sie wurde sicher nicht nur mit Kopfhörern gehört und gerade bei Liedern wie »Sweet, sweet Gwendoline« verriet das weibliche rhythmische Stöhnen eindeutig, was da besungen wurde. Vielleicht dachten die Erwachsenen, dass diese Musik immer noch harmloser sei als Alkohol und Drogen?

Soll ich meiner Tochter nun den Bademeister-Song verbieten? Ihr erklären, was da gesungen wird? Leite ich ihr Interesse auf harmlosere *Ärzte*-Lieder wie »Westerland« um? Oder nehme ich es als Ansage an, dass sie mich erstmals musikalisch herausfordern will?

Kaum geht die wissenschaftliche Forschung dagegen auf die Musik ein, von der einem schlecht wird. Damit meine ich nicht die zu laute, sondern diejenige, die uns aufgrund von persönlichen Erfahrungen regelrecht den Magen umdreht.

Ich bin achtzehn und habe mich verliebt. Nichts anderes kann ich tun, als an sie zu denken. Dazu höre ich pausenlos die Musik, von der ich weiß, dass sie sie besonders mag: Grönemeyers neues Album.
»Fass mich ganz fest an, dass ich dich halten kann.
Bring mich zu Ende, lass mich nicht mehr los.«
Ich höre seine treibenden Klanggewitter abends vor dem Einschlafen, seine launischen Verschleifer morgens beim Aufwachen, seine poesievolle Bilderwelt in jeder freien Minute am Nachmittag. Der immer wieder gleiche Klang der Lieder umgibt mich. Er bringt mich in eine Stimmung, in der ich das Gefühl habe, der Stimme nahe und ganz von ihr umgeben zu sein. Und so teuer und wertvoll eine CD für mich zu der Zeit ist, so viel ist mir diese Person eben auch wert, weil sie Grönemeyer mag.
Als ich dann erfahre, dass sie einen festen Freund hat, kann ich die Musik nicht mehr ertragen. Alles zieht sich in mir zusammen, wenn ich seine Stimme nur zufällig im Radio höre. Sie kommt mir auf einmal brutal vor, atemlos gepresst und mit aller Kraft herausgedrückt. Ich möchte am liebsten um mich schlagen, wenn jemand anfängt, eines seiner Lieder zu grölen. Nichts von dem, was ich mit der Musik verbunden habe, existiert noch für mich.
Jahre später erfahre ich aus den Nachrichten, dass Grönemeyers Frau an Krebs gestorben ist. Da mache ich mir klar, dass das Lied, das ich damals so oft hörte, genau dann entstanden sein muss, als er von ihrer Krankheit erfahren hatte. Liebe und Verlust steckten also bereits in der Musik.

Als er dann das erste Mal wieder auf Tournee geht, erzählt mir ein Freund, er hätte spontan noch eine Karte dafür übrig, weil ihm sein Partner abgesprungen sei. Ob ich mit ihm in die Berliner Waldbühne gehen möchte? Am Ende des sommerlich warmen Abends, als ich es gar nicht mehr erwarte, stimmt Grönemeyer tatsächlich dieses Lied an. Eine unerwartet wohlige Wärme steigt in mir empor. Als würde sich endlich eine Wunde in meinem Leben schließen, die so lange geblutet und geschmerzt hat.

Manchmal müssen wir auch ertragen, dass ein großer Unterschied zwischen der Musik besteht, die wir auf der Bühne hören und sehen, und den Personen, die sie machen. Hinter einer gut gemachten Musik können sich Abgründe auftun.

»Hör auf zu werthern«, sagt der Regisseur, der mein Kammer-Musical nach Texten von Goethe in Berlin inszeniert. Er sollte sich lieber an die eigene Nase fassen! Die intensive Auseinandersetzung mit dem Werk führt im Probenprozess bei allen Beteiligten zu ungesunden privaten Verstrickungen.

In meinem Leben taucht ausgerechnet jetzt eine Musicaldarstellerin wieder auf, die ich vor Jahren zum ersten Mal in der Studentenproduktion *Dead End Paradise* auf der Bühne gesehen habe, die zwei Freunde von mir inszeniert hatten. Die damals 20-Jährige spielte darin die Rolle der unglücklichen Geliebten so überzeugend, dass ich sie sofort in den großen Musicalrollen vor mir sah. Mit so jemandem wäre ich gerne befreundet gewesen! Würden da nicht Kunst und Liebe ineinander fallen? Doch bevor ich sie näher kennen lernen durfte, wurde sie als Zweitbesetzung für *Die Schöne und das Biest* in Stuttgart gecastet.

Jetzt habe ich das Glück, sie in *Les Misérables* im Theater des Westens zu sehen. Sie lässt sich sogar überreden, nach der Vorstellung mit mir auszugehen. Immer noch überwältigt von ihrer Darbietung, ignoriere ich, dass sie nur Geschichten davon erzählt, wie Regisseure ihre Gutmütigkeit ausnutzen. Ich sitze neben ihr und denke: Für die muss ich ein Solostück schreiben, in dem sie ihr Potential richtig zeigen kann.

»Nach unserer Premiere sieht alles anders aus«, meint der Regisseur und runzelt die Stirn, als ich ihm erzähle, dass ich die Sängerin überredet habe, mit mir für eine Woche nach London zu fliegen, um gemeinsam neue Produktionen am West End anzuschauen.

Leider behält er recht. Ich sitze mit ihr in aktuellen und innovativen Stücken, die wahrscheinlich nie nach Deutschland kommen werden, aber sie denkt immer nur darüber nach, warum sie nicht gut genug für eine der Rollen auf der Bühne ist. Ich führe sie in ein Restaurant, in dem während den Gängen live Opernarien gesungen werden, aber sie rührt das Essen kaum an und hat Angst, dass wir zu viel Geld ausgeben. Das macht es mir schwer, die Musik oder sonst etwas in der Woche zu genießen.

Als das Stück, das ich für sie schreibe, fertig ist, lebt sie in Wien und singt in *Elisabeth*. Sie bedankt sich bei mir, aber zu einer Probe kommt es nie. Ich habe Angst, dass sie plötzlich wieder in meinem Leben auftaucht, wenn ich eines Tages einen Regisseur finde, der daran interessiert ist, dieses Stück zu inszenieren. Lieber glaube ich, die Musik sei mir nicht gelungen und schließe es in meiner Schublade weg.

Entspann dich!
Manchmal muss man sich bei Feldforschungen zwingen, schlechte Darbietungen abzugeben. Personen sind eher bereit, dir ihre musikalischen Geheimnisse zu verraten, wenn sie das Gefühl haben, dass du ihnen keine Konkurrenz machst.

Als schlecht wird in meiner Umgebung oft eine musikalische Darbietung bezeichnet, die nicht perfektionistischen Ansprüchen genügt. Das ist eine Bewertung über den Klang und nicht über den sozialen Kontext. Nicht nur als Forschende sollten wir mit solchen Urteilen vorsichtig sein.

Während beim Abendessen im Küchenradio irgendeine Popmusik säuselt, sitzt mein dreijähriger Sohn bei mir auf dem Schoß und beginnt: » 1 – 2 – 6 – 9 – 7: Die Räder vom Bus machen roll-roll-roll, roll-roll-roll…« Seine drei Jahre ältere Schwester versucht währenddessen mir von einem Unfall zu erzählen, den sie an diesem Tag in der Kita erlebt hat:
»Also, wir liefen da alle *la-la-la*, und ich ging so *düpp-di-dipp-di-düpp*, und dann auf einmal *rums*, fiel ich da über den Ständer von dem Sonnenschirm und *aua-aua-aua*…«
»…roll-roll-roll, stuuuundenlang.«
»Die anderen haben das gar nicht gemerkt. Sie sind so *la-la-la* weitergelaufen und haben mich *ups* da einfach liegen gelassen.«
»Die Wischer vom Bus machen wisch-wisch-wisch…«
»Und da lag ich dann *autschie* und musste selbst sehen, wie ich hinterherkomme *uuaahh*…«
»Stuuuundenlang…«
Was beschwere ich mich eigentlich darüber, dass ich in den letzten Jahren nur noch selten in die Oper komme, weil ich mich abends um meine Kinder kümmere? Ich bekomme doch alles live serviert, und nicht mal so viel schlechter als auf der Weihnachtsfeier in Puccinis *La Bohème*.

Unsere musikethnologischen Forschungsgebiete werden von vielen aus der historischen Musikwissenschaft abgewertet, weil sie deren Musiken im Gegensatz zur europäischen Kunstmusik als minderwertig empfinden. Für sie besitzen wir quasi die spezielle Kompetenz für schlechte Musik. Unsere Aufgabe ist es zu vermitteln, dass solche Kategorien für viele Musikkulturen gar keine Rolle spielen. Und dass beim Musikmachen auch in unseren Breiten viel mehr passiert, als dass Klänge gehört werden.

Reflexion

Es gibt keine schlechte Musik. Man kann sie nur schlecht machen.

- Welche Musik findest du ›schlecht‹? Liegt das am Klang, am Text, an der Aufführung oder an den Menschen, die diese Musik gerne hören?
- Erinnerst du dich an eine Situation in deinem Leben, in der du mit Freude Musik gemacht hast, obwohl sie für andere schrecklich geklungen haben muss?
- Hat für dich schlecht klingende Musik schon mal etwas Gutes bewirkt?

Aufgabe

Stelle eine Playlist mit Liedern aus einem Genre zusammen, das du nicht magst. Höre sie dir eine Woche lang jeden Tag an.

- Kannst du dich mit der Zeit in diese Stücke hineinhören?
- Welche Gefühle entstehen in dir, wenn du diese Musik immer wieder hörst?
- Ändern sich auch deine täglichen Gewohnheiten, wenn du dich auf diese Musik einlässt?

5.2 Erinnerungsträger

Musik ist flüchtig.
Kaum gehört, ist sie schon wieder verklungen.
Am längsten lebt sie in der Erinnerung.
Von dort aus wandert sie in uns weiter.
Das macht ihre Kraft aus.

Je älter ich werde, desto mehr wird mir klar, dass ich Musik nicht mehr anstelle, weil ich bestimmte Stücke wieder hören oder neue kennenlernen will. Musik dient in meinem Alltag vor allem als Erinnerungsträger. Ich höre, um mich zu erinnern. Ich erinnere mich, weil ich Musik höre. Wie Kai Preuss es formuliert, »vermag es die Musik, das Erinnerte in einer, wenn nicht der wesentlichen Eigenschaft anzusprechen: als etwas Zeitliches.«

> Sie hat immer noch Jetlag und deswegen am Nachmittag geschlafen. So hat sie noch keine Ahnung, was passiert ist, als wir uns mit der Italienischklasse auf einem Landgut bei Siena zum Abendessen bei einer unserer Lehrerinnen treffen.
> »Was ist mit dem World Trade Center?«, fragt sie verwirrt.
> Ich habe sie am Tag vorher bei der Vorstellungsrunde kennengelernt und weiß nicht mehr über sie, als dass sie aus New York kommt. An diesem Nachmittag habe ich einen Spaziergang durch die von Touristen überfüllte Altstadt gemacht und wunderte mich, warum plötzlich alle vor Kneipen und Bars mit Fernsehern stehen bleiben.
> »Das gibt es nicht mehr«, kann ich ihr nur antworten.
> An diesem Abend hat sie keine Möglichkeit, mit ihren Eltern in Kontakt zu treten. Auch die amerikanische Botschaft in Italien kann sie nicht erreichen. Wir reden lange miteinander, versuchen später in der Nacht, in den Bars der Altstadt, neue Nachrichten aus dem Fernsehen zu bekommen. Aber es sind immer die gleichen Bilder – Flugzeuge, Explosionen, Rauch und der Mann, der sich von einem der Türme freiwillig in den Tod stürzt – und dazu immer der Song von Enya. Obwohl wir uns erst am Tag vorher kennen gelernt haben, lässt uns die Katastrophe am anderen Ende der Welt eng zusammenrücken.
> »Who can say where the road goes
> Where the day flows, only time…«
> Am Ende des zweiwöchigen Italienischkurses in der Stadt mit den vielen reizvollen Türmchen und harmonisch gestalteten Plätzen bleibt leider zu wenig Zeit für mehr. Aber immer, wenn ich dieses Lied zufällig wieder höre, erinnere ich mich an den Tag, der die Welt veränderte – der mich aber in eine neue innere Freiheit katapultierte.

Saskia Jaszoltowski bezeichnet solche Situationen als »Erinnerungsort«, der »einen Zeitraum eröffnet, der von der Gegenwart in die Vergangenheit reicht.« Je nach Situation dominiert die Aktualisierung oder das Vergangene. Ich erfahre dagegen beim Hören von vertrauter Musik in einem neuen Kontext hin und wieder sogar ein Überschreiben meiner Erinnerungen.

> Wie immer, wenn ich nach Kamerun komme, habe ich zu viel Gepäck dabei. Rucksäcke und Taschen voller Geschenke und gebrannter CDs mit meinen Aufnahmen der letzten Reise für all die Chöre, die ich seit Jahren

kenne und deren Entwicklung ich verfolge. Es bleibt wenig Platz, um noch etwas für mich selbst mitzunehmen. Doch brauche ich immer ein Stück Europa, an dem ich mich seelisch festhalten kann, wenn ich vom kamerunischen Alltag erschöpft bin. Diesmal fällt meine Wahl auf eine Aufnahme von Schuberts *Die schöne Müllerin*. Ich kann mir kaum ein Werk vorstellen, das weiter von kamerunischer Musik entfernt ist.

Dann sitze ich in einer Holzhütte in einem kleinen Dorf mitten im Regenwald, zwischen Bananenstauden, Kakaopflanzen und Yamswurzeln und höre:

»Grün, alles grün so rings und rund/ Mein Schatz hat's Grün so gern.«

Das hilft mir, das zu verdauen, was ich heute in der sengenden Hitze auf den schlammigen Wegen durch den Busch erlebt habe.

»Und die Sonne, wie helle/ scheint sie vom Himmel.«

Die unbekannten Menschengruppen, das endlose Singen bei Prozessionen im Freien während eines regionalen Chortreffens, das gemeinsame Essen von Fufu im Schatten am Wegesrand.

»Wir saßen so traulich zusammen,/ im kühlen Erlendach.«

Schubert bringt mich zu mir selbst zurück, zu der Persönlichkeit, die ich an diesem Tag vorübergehend verloren habe. Er erinnert mich daran, wie ich aufgewachsen bin und wo mein musikalisches Herz schlägt.

Als ich am nächsten Morgen mit dem Rucksack auf dem Rücken als Mitfahrer auf einem Motorrad sitze, habe ich seine Melodien immer noch im Kopf.

»O Wandern, Wandern meine Lust, o Wandern.«

Seitdem kann ich den Liederzyklus nicht mehr hören, ohne an das unendliche Grün des kamerunischen Regenwaldes zu denken. Wie hätte Schubert nur der tropische Regenwald gefallen?

Musikalische Darbietungen zu besuchen, kann ein teures Hobby werden. Einzelne Eindrücke bleiben einem allerdings manchmal weit über den Moment des Hörens in Erinnerung. Ihr Wert lässt sich in Geld nicht benennen.

Keiner im Publikum um mich herum kennt mich. Ich verstehe auch ihre Sprache nicht und suche mir nur schnell und unauffällig meinen Platz in einer der hinteren Sitzreihen. Von den offensichtlich reichen Paaren um mich herum bekomme ich etwas schräge Blicke. Was sollen sie von diesem ausländischen Studenten halten, der da allein mitten im Publikum sitzt? Ich versuche, sie zu ignorieren und öffne drei Stunden lang Augen und Ohren für das Geschehen auf der Bühne.

Was für ein Aufwand! Irgendwo hatte ich einen kurzen Artikel über dieses schwedische Musical der *ABBA*-Komponisten gelesen. Als mir meine Schwester aus Finnland die CD-Aufnahme schickte, war ich hingerissen Sofort hatte ich das Bedürfnis, dass unbedingt zu sehen. Nun bin ich für eine Vorstellung extra für ein verlängertes Wochenende nach Stockholm geflogen. Ich bezahle das teure Ticket und den Flug, muss aber neben schnarchenden Australiern im Schlafsaal einer Jugendherberge übernachten, um mir das überhaupt leisten zu können.

Aber live zu erleben, wie Kristina über dem steinigen Feld schaukelnd von einem besseren Leben träumt; wie aus Schauspielern plötzlich ein Boot wird; wie in Amerika endlich die Ähren aus dem Boden sprießen; und das alles zu einer traumhaften Musik zwischen Grieg und Pop – das gibt es nur hier zu sehen. Das bleibt mir nicht nur länger und lebhafter in Erinnerung als die CD-Aufnahme. Ich denke auch an diesen Abend, wenn ich in den Jahren darauf durch die Welt reise und mich etwas verloren fühle:

»Nej, du måste finnas
Du måste
Jag lever mitt liv genom dig.«

Solche Zeilen dann innerlich zu hören und die Aufführung vor mir vorbeiziehen zu lassen, gibt mir wieder Mut weiterzumachen.

Achtung!

Wenn dir Menschen in Interviews von traumatischen Erlebnissen erzählen, kannst du stolz auf deine Kompetenz sein. Aber sei vorsichtig: Es kann passieren, dass du während der Analyse in diese Erinnerungen hineingezogen wirst.

Manchmal ringen auch Erinnerung und Gegenwart miteinander um die Bedeutung. Am Ende kann sich dann etwas auflösen oder neu zusammensetzen. Beides gehört zum Musikhören, wie Andreas Dorschel es formuliert: »Menschen leben vom Vergangenen und gehen am Vergangenen zugrunde; es loszuwerden ist ihnen so nötig wie es zu behalten.«

Bei schönstem Spätsommerwetter sitzen wir zusammen inmitten einer begeisterten Zuschauermenge auf dem Bebelplatz, um uns die Open-Air-Übertragung von Beethovens *Fidelio* aus der Staatsoper anzuschauen. Nach ihrer Scheidung ist sie nach Berlin gezogen und ich freue mich, dass unsere Freundschaft aus der Studienzeit in Heidelberg an einem neuen Ort wieder auflebt.

Es ist das erste Mal seit meiner Jugend, dass ich dieses Stück wieder sehe, und plötzlich wird mir bewusst, was für ein großartiges Werk das ist. Unter Opernliebhabern höre ich immer mal wieder, dass Beethoven kein Gespür für Bühnenmusik hatte. Durch meine Forschungen zu dem

islamistischen Terror der Boko Haram in Nigeria habe ich mittlerweile
ein klareres Bild davon bekommen, was es heißt, politischer Gefangener
in einem Willkürsystem zu sein. Die Szenen in der Oper erscheinen mir
jetzt sehr realitätsnah und ich kann mich besser in die verschiedenen
Charaktere einfühlen als früher.

Da fällt mir auf, dass sie diese Oper auch auswendig kennt und ich nicht
nur stumm meine Lippen bewege, sondern mit ihr zusammen leise mitsingen kann. Wir kennen uns seit Jahren, aber ich wusste nicht, dass wir
diese Gemeinsamkeit haben. Wo war sie, als ich mit 15 allein Opern hörte
und keine Freundin hatte, mit der ich darüber reden konnte?

Während ich mit ihr die verschiedenen Rollen im Wechsel singe, als wären wir auf einem Popkonzert, spüre ich, wie sich dieser Schmerz meiner
Jugend auflöst. Ich erkenne, dass ich damals doch nicht alles falsch gemacht habe; wie mich dieses Werk auf Erfahrungen in meinem Leben
vorbereitet hat; und dass ich nur noch nicht wusste, dass ich Geduld haben muss. Irgendwo gibt es jemanden, mit dem ich das alles eines Tages
teilen kann:

»O namenlose Freude!«

Eigentlich hätte ich ihr auf ihrer Hochzeit, zu der sie mich damals eingeladen hatte, schon prophezeien können, dass sie sich für den falschen
Mann entschieden hat.

Bestimmte musikalische Erinnerungen können aber auch wie eine Triebfeder
wirken. Sie lassen einen nicht los, ganz gleich wie sich das eigene Leben weiter-
gestaltet. Irgendwann kehren sie als Echo sogar lauter und stärker wieder zurück.

Der Bühnenaufbau und die Proben gestalten sich als äußerst schwierig.
Die Produktion der Kinderoper *Elster und Parzifal* von Paul Hertel, die
eigens für das Foyer der Deutschen Oper Berlin entwickelt wurde, lässt
sich nicht so ohne Weiteres in eine Werkstattbühne in Wien transferie-
ren. Ich muss darum kämpfen, dass ein Loch in der Wand so versetzt
wird, dass meine 3D-Animationen nicht verzerrt auf die Leinwand pro-
jiziert werden. Es ist letztlich der Techniker und nicht der Regisseur oder
Dramaturg, der meinen Wunsch versteht und eine Lösung findet.

Tags drauf sind die Aufführungen für Schulklassen trotz der sommerlichen Hitzerekorde draußen gelungen, auch wegen der mobilen Klima-
anlage, die der Regisseur durch Privatkontakte zum Bundesheer noch or-
ganisiert hat. Ich lehne mich in der letzten Reihe zurück und atme tief
durch. Habe ich es doch geschafft!

Ich hatte mir nach dem Abitur sehr gewünscht, in Wien studieren zu
können. Aber meine Bewerbungen für Musiktheaterregie liefen nicht so,
wie ich es mir wünschte, und mein Mut verließ mich relativ schnell nach
der Reaktion der ersten Aufnahmekommission. Ich würde nicht sagen,
dass meinem Leben danach etwas gefehlt hat, aber irgendwo im Hinter-

kopf trug ich wohl immer noch diesen Traum in mir. Weil ich in dieser
Stadt so viele eindrückliche Aufführungen auf Musiktheaterbühnen gemacht hatte und mir das Publikum immer so gut gefiel.

Vielleicht ist es gar nicht so schlimm, Umwege zu gehen, solange man
sich daran erinnert, welches Ziel man sich gesteckt hat.

Sich durch Musik zu erinnern, funktioniert bei mir auch ganz konkret im Alltag.
Meine Aufmerksamkeit kann durch Lieder und Melodien auf etwas gerichtet
werden, das mir nicht bewusst ist.

Ich habe den ganzen Tag Jean-Jacques Goldmans »Il changeait la vie« im
Kopf: Bei der Arbeit, in der Mittagspause beim Essen mit Kollegen, während einer Besprechung und auf dem Heimweg, als ich noch schnell ein-
kaufen gehe.

»C'était un cordonnier, sans rien d'particulier
Dans un village dont le nom m'a échappé…«

Ich kann mir nicht erklären, warum mir gerade dieses Lied nicht mehr
aus dem Kopf geht. Ich habe es sicher seit langem nicht mehr gehört.
Dass ich es jetzt nicht loswerde, liegt auf jeden Fall nicht am Text des
Liedes. Der hat nichts mit meiner momentanen Stimmung zu tun. Tatsächlich kommen mir oft Zeilen wie »Here comes the rain again/ falling
on my head like a memory« über die Lippen, wenn ich im strömenden
Regen unterwegs bin, oder »Here comes the sun/ it's allright«, wenn einzelne Sonnenstrahlen durch die Bäume brechen. Da bin ich nicht der
Einzige. Auf einem Strandspaziergang forderte mich mal ein Musiker zu
einem Wettkampf auf: Wem fallen mehr Lieder ein, in denen Strand und
Meer besungen wird? Er war mir meilenweit überlegen.

Manchmal wollen Ohrwürmer mir auch etwas sagen. Ich erinnere mich
noch gut an die Zeit, als ich ständig »non, non, non voglio più servir« vor
mich hin summte. Es dauerte eine Weile, bis ich begriff, dass ich die Ar-
beitsstelle wechseln sollte.

Aber diesmal muss es etwas anderes sein. Leider bin ich zu beschäftigt,
um darüber nachzudenken. Auch am Abend muss ich noch einiges Or-
ganisatorisches regeln. Bevor ich mich jedoch wieder an den Schreibtisch
setze, greife ich noch schnell nach dem Album im Regal. Wenn ich das
Lied schon den ganzen Tag in mir höre, kann ich es auch einmal richtig
genießen, während ich ein paar Termine für die kommende Woche fest-
mache. Die 3:59 Minuten habe ich.

Beim Hören fällt mir ein, wie ich vor Jahren im Urlaub in Südfrankreich
mit einer sehr netten Französin über Goldman gesprochen habe. Wie er-
staunt sie war, dass ich so viele seiner Lieder auswendig kannte: »Tu es
sûr que tu n'as jamais eu de petite amie française?«

Mit Blick auf meinen Kalender erinnere ich mich, dass sie ausgerechnet
heute Geburtstag hat. Wollte mich dieser Ohrwurm unbewusst daran

erinnern? Dass ich mir mal ein paar Minuten Zeit für meine Sozialkontakte nehme? Ich wünschte mir, ich könnte mein gestresstes Leben auch mal auf die Schnelle ändern.

Während ich ihr schnell eine kurze Glückwunschnachricht schicke, denke ich mir: Wie gut es ist, wenn man sich auf das innere Ohr verlassen kann!

Entspann dich!

Wir haben gelernt, uns nur unnötigen Klatsch und Tratsch beim ersten Hören zu merken. Führe jeden Tag ein detailliertes Feldforschungstagebuch. Nur dort wirst du später die wirklich guten Geschichten finden.

Musikalische Erinnerungen können auch Gefühle sein, die wir beim Singen oder Spielen in den Raum zurückholen. Sie sind ein Schatz, den man bewusst aus der Zeitlosigkeit hervorrufen kann, um ihn an andere weiterzugeben.

Es ist halb vier Uhr morgens und ich halte verzweifelt meine 15 Monate alte Tochter in den Armen. Seit mindestens einer Stunde kann sie nicht einschlafen. Ich habe schon alles versucht: Ihr zu trinken geben; sie füttern; sie in den Schlaf wiegen; sie durch die Wohnung tragen; gemeinsam die orangefarbene Straßenlaterne vor dem Fenster betrachten und den Fluss der Regentropfen auf den Scheiben verfolgen. Ich weiß nicht mehr weiter. Da kommt mir dieses Lied in den Sinn, das ich so oft als Jugendlicher gehört habe:

»Love, love changes everything
Hands and faces, earth and sky.«

Obwohl es auf Englisch ist, summe und brumme ich es leise vor mich hin. Dann fallen mir wieder Textzeilen ein und all die Bilder von damals kommen zurück.

»Love, can make the summer fly
Or a night seem like a lifetime.«

Damals konnte ich aus anderen Gründen nicht einschlafen und hörte bis tief in die Nacht diese eine Platte, bis sie ganz zerkratzt war.

»Yes love, love changes everything
Now I tremble at your name
Nothing in the world will ever be the same.«

Jetzt ist das Lied ein anderes geworden. Es fliegt mir wieder in den Mund, sinkt in meine Brust und in meine Arme und ich gebe es weiter, direkt in den Körper meiner Tochter, die ich an mich drücke.

Sie versteht kein Wort und doch kommt alles bei ihr an, denn es dauert nicht lange und sie legt leise gleichmäßig atmend ihren Kopf an meine Schulter und schließt die Augen.

Michael Fuhr und Cornelia Gruber weisen auf die zwei Richtungen hin, in die sich unsere Forschungen auswirkt: »Musikethnolog*innen sammeln jedoch nicht nur die Erinnerungen der Personen, mit denen sie zusammenarbeiten, auch ihre autobiographischen Erinnerungen beeinflussen den musikethnologischen und historiographischen Forschungsprozess.« Je mehr wir uns bewusst sind, wie Musik unser Gedächtnis beeinflusst, desto besser können wir unsere eigenen musikalischen Identitäten verstehen.

Reflexion

Je älter wir werden, desto vergesslicher werden wir. Gleichzeitig bestimmen uns unsere Erinnerungen immer stärker.

- Welches Lied assoziierst du mit deiner ersten Liebe? Was hat der Text des Liedes damit zu tun?
- Gibt es Musik, mit der du Humor und Lebensfreude verbindest? Liegt es am Klang, am Inhalt oder an den Situationen, in denen du sie gehört hast?
- Bei welcher Musik kommt ein Schmerz der Vergangenheit wieder hoch? Was müsste passieren, damit sich diese Verbindung löst?

Aufgabe

Schau aus dem Fenster: Wie spät ist es und wie ist das Wetter? Welche Jahreszeit ist gerade? Welche Feste stehen bevor? Nimm dir einen Zettel und schreibe alle Liedzeilen oder Songtitel auf, die dir dazu einfallen.

- Gibt es eine gute klangliche Verbindung zwischen dir und deiner Welt?
- Mit welchen Symbolen arbeitet dein musikalisches Gedächtnis?
- Sing oder spiele deine Erinnerungen. Wie fühlt sich das für dich an?

5.3 Erbe musikalischer Identitäten

**Wenn du mir sagst, welche Musik du hörst,
kann ich dir nicht sagen, was für ein Mensch du bist.
Aber die Musik, die du hörst, verrät mir etwas
von dem Geheimnis, das allein in dir wohnt.**

Wer in der akademischen Welt sein Berufsfeld erkennt, sollte sich bewusstwerden, dass es sich um ein hart umkämpftes Gebiet handelt. Jedes Thema und jede wissenschaftliche Aktivität werden von anderen kritisch betrachtet und bewertet. Deswegen brauchen wir mehr als nur Interesse oder Begeisterung für ein Forschungsfeld. Die Motivation muss in der eigenen Persönlichkeit tief verwurzelt sein, damit einen die Kritik der anderen nicht aus der Bahn wirft.

> Ich bekomme als Kind nie eigene Hörspielkassetten geschenkt, sondern übernehme die Sammlung, die meine Geschwister über die Jahre zusammengetragen haben. Dadurch höre ich während des Lego-Spielens schon Geschichten, die vielleicht noch nicht ganz für mein Alter gedacht sind. Zum Beispiel die mit dem Titel *Onkel Toms Hütte*.
> Ich sehe die Szene, in der der schwarze Sklave Tom dem weißen Kind abends aus der Bibel vorliest, leibhaftig vor mir. So eine traurige Stimmung habe ich selbst noch nie erlebt. Am Ende der zweiten Kassettenseite singt dann noch zum Abschluss ein Chor das Spiritual »When Israel was in Egypt Land«. Ich verstehe noch kein Wort Englisch, aber der Klang der Stimmen genügt mir, um zu begreifen, welches Leid und welche Hoffnung da zugleich ausgedrückt werden.
> Nicht im Traum konnte ich mir damals ausmalen, dass ich einmal während eines Workshops mit ghanaischen Studierenden die Sklavenburg Elmina an der westafrikanischen Küste in der Nähe von Cape Coast besuchen würde. Dort war die Geschichte dieser menschenverachtenden Praxis noch leibhaftig zu spüren.
> Auch wenn ich inzwischen gelernt habe, *Onkel Toms Hütte* auch kritisch zu betrachten, war es doch die erste Geschichte, die mir die Ungerechtigkeiten dieser Welt vor Ohren führte. Und wie oft klingt in mir bei meinen Forschungsreisen dieser zeitlose Vers nach: »Let my people go!«

Musikalische Prägungen erhalten wir meist durch die Erfahrungen uns nahestehender Menschen. Ihre Erlebnisse hinterlassen auch in unserem Leben Spuren, denen wir vertrauensvoll folgen können. Oft dauert es Jahre, bis wir die Bedeutung begreifen und bereit sind, auch gegen Widerstände das zu leben, wozu sie uns angeregt haben.

> Irgendwann in meiner Jugend bemerkt selbst die letzte Person in meiner Familie, dass ich es mit dem Musikmachen ernst meine. Von da an bringt mir jeder, der auf Reisen ist, Instrumente oder Musikaufnahmen mit: Meine älteste Schwester eine Panflöte von ihrer Berufstätigkeit als Ingenieurin in Bolivien; mein Vater zwei Bambusflöten von einem Universitätsaustausch nach China; mein Onkel Schallplatten von Native Americans aus Oklahoma, um die er sich dort als Kinderarzt kümmert; und mein Patenonkel einen Regenmacher aus Brasilien, wo er eine Weile gelebt hat.

Alles sammelt sich auf meinem Schreibtisch und in meinen Regalen, ohne dass ich recht weiß, was ich damit anfangen soll. Weder kann mir jemand zeigen, wie sich die Instrumente spielen lassen, noch verstehe ich, warum ich mir die für mich fremde Musik anhören soll. Dennoch sind diese Gegenstände für mich immer ein Zeichen für die Vielfalt dieser Welt und die Reiselust meiner Großfamilie.

»Glaub niemals an Reisepässe«, flüstern mir die Instrumente nachts zu, wenn ich nicht schlafen kann und noch nicht wage, von einem Leben in diesen Welten zu träumen. Als ich noch nicht wusste, dass sie mir den Rücken stärken werden, sollte ich mal von vorne angegriffen werden.

Die Beziehungen zu anderen Musikkulturen können auch weit in die Geschichte unserer Familien zurückreichen. Die Gedanken, Sehnsüchte und Erlebnisse lang Verstorbener schlafen in uns und warten nur darauf, neue Gestalt anzunehmen und transformiert zu werden.

Niemand in der Herberge in Südfrankreich weiß, dass ich heute Geburtstag habe. Aber die französischen Wanderer in ihren verschwitzten Outdoor-Klamotten, mit denen ich seit Tagen unterwegs bin, hätten mir kein schöneres Geschenk machen können, als nach dem Abendessen Chansons anzustimmen, bei denen alle am Tisch mitsingen können.

Sie sind von meiner Textsicherheit überrascht. Ich gestehe ihnen in meinem gebrochenen Französisch, dass mein Wortschatz eigentlich nur aus Chansonversen besteht, da mein Sprachunterricht in der Schule eine Katastrophe war. Freundlich lächelnd nehmen sie mich in ihre Runde auf und laden mich zum Rotweintrinken ein.

Ich denke an meinen Großonkel Ferdinand, von dem mir mein Vater einmal Briefe aus seiner Marburger Studentenzeit gezeigt hat. 1913 schrieb der 20-Jährige an seine Mutter, die eigentlich einen Bericht über seine Fortschritte im Theologiestudium erwartet hatte:

»Samstag war hier wieder ein großes Konzert in der Stadthalle. Die Elite von Marburg ist da. Die älteren Damen, die am schönsten geputzt sein sollten, haben Frisuren aus dem vorigen Jahrhundert, Kleider aus dem vorigen Jahrhundert und ebenso altmodische Gesichter. Am Klavier spielte Max Reger. Er war mir völlig unbekannt, was die gebildete Welt entsetzte. Er hatte zwei Eigenschaften: Er war riesig an Statur, Bauch und Gesicht und bewegte sich deshalb sehr schwerfällig. Zweitens spielte er nur seine eigenen Stücke, woraus ich schließe, dass er sich selbst sehr bewunderte.«

Ferdinand fiel – wie zwei weitere Brüder meines Großvaters – zu Beginn des Ersten Weltkriegs am 13. Mai 1915 in der Nähe von Ypern in Kämpfen gegen die französische Armee.

Ich bin jetzt bereits mehr als doppelt so alt wie er. Manchmal habe ich das Gefühl, dass etwas von dem, was ich aus meinem Leben zu machen

versuche, mit diesem Verwandten in Verbindung steht, der so früh sein
Leben in einem vollkommen sinnlosen Krieg verloren hat. Dass ich mich
positiv für etwas einsetzen will. An diesem Abend möchte ich gar nicht
mehr aufhören, zusammen mit den Franzosen ihre Lieder zu singen.

Achtung!

Die meisten Stücke hören nicht mit einem einfachen
Schlussakkord auf. Komponisten verwenden viel Zeit darauf, das richtige Ende zu finden. Brich den Kontakt zu deinem Forschungsfeld nie ab. Wie die Menschen wirklich ti-
cken, erfährst du oft erst, wenn deine Arbeit im Druck ist.

Familiäre Vorbilder sind manchmal auch wichtiger als Fachwissen. Viele Fähigkeiten, die ich bei meinen Feldforschungen im Umgang mit Menschen brauche,
habe ich nicht an der Universität erworben, sondern in meiner eher ungewöhnlichen Großfamilie.

Für mich ist es eine Art Feldforschung, als ich bei der Auflösung des
Haushalts meiner Eltern eine Kassette mit der Aufschrift »Vorspielen für
Großmutter« finde. Ich erinnere mich vage daran, dass meine Mutter uns
manchmal heimlich beim Essen oder Musizieren aufnahm, um die Verwandten, die uns nur selten besuchen konnten, an unserem Familienle-
ben teilhaben zu lassen.
Diese Aufnahme wurde an einem Samstagabend gemacht, als ich etwa
drei Jahre alt war. Meine älteren Geschwister müssen gerade unseren El-
tern und unserer Großmutter vorspielen, was sie in der Woche auf ihren
Instrumenten gelernt haben. Meine Großmutter kommentiert das alles
treffend, während der Hund im Flur bellt, weil er nicht dabei sein darf:
»Mein Lieber, man muss erst mal eine Pause machen, bevor man anfängt!
Der Anfang war etwas schlampig. Jetzt bitte noch einmal, für deine alte
Oma!« – »Oh, das klingt sehr schön. Du hast große Fortschritte gemacht.
Das habe ich noch nie so schön von dir gehört.« – »Und du, ach, du warst
diese Woche sehr krank? Mein herzliches Beileid! Dann lass es für heute.
Bis zum nächsten Mal!« – »Aber ich möchte noch etwas von dir hören.
Das war gerade noch nicht perfekt. Da hast du noch nicht richtig gespielt.
Sonst spielst du viel schöner.«
Ich erinnere mich an diese kleine, für mich immer schon uralte Person,
die ihre grauen Haare in einem Haarnetz zusammenhielt. Sie begrüßte
mich immer herzlich, indem sie mit ihren knochigen Fingern nach mei-
ner Hand griff und sie erst nach einer spöttischen Bemerkung über meine
Frisur oder Kleidung wieder losließ. Diese Frau war das Gegenteil aller

Großeltern, die meine Schulfreunde hatten. Und dann stand an der Haustürklingel in Tübingen auch noch ein »Dr.« vor ihrem Namen. Ich habe nie verstanden, wie ich mit ihr verwandt sein konnte.

»Das war ein sehr nettes Vorspiel, vielen Dank. Die Schokolade habt ihr euch wirklich verdient. Das hat mir sehr gut gefallen.«

In ihrem Haus hingen mexikanische Bilder und im Schrank lagen Schallplatten mit mittelamerikanischer Folkloremusik. Ich weiß noch, wie erschrocken ich war, als sie bei einem Besuch aus dem Ausland auf einmal begann, fließend Spanisch zu sprechen. Mein Vater erklärte mir, dass sie als Kind eines deutschen Kaufmanns in Mexiko geboren und die ersten zehn Jahre von einer indigenen Haushälterin aufgezogen worden war. Als ihre Eltern früh starben, kam sie als Waise nach Deutschland zurück. Das lag für mich in einer unvorstellbaren Vergangenheit.

»Ja, jetzt nehme ich gerne noch einen Schnaps!« – »Die Kleinen dürfen schon hoch in ihre Zimmer. Macht die Tür hinter euch zu!« – »Ach, was für ein nettes Gesindel.«

Heute muss ich schmunzeln, wenn ich ihre Kommentare höre. Erst viel später ist mir klar geworden, wie stark sie gewesen sein muss, um als Frau während des Ersten Weltkriegs Medizin zu studieren. Wie hat sie das nur verkraftet, vom Kaiserreich über die Weimarer Republik, die Nazizeit, die DDR, die Bundesrepublik bis zur Wiedervereinigung so viele Gesellschaftsformen mitzuerleben?

Oft wird mir bei Feldforschungen klar, was ich von ihr gelernt habe: Die alten Frauen in allen Gesellschaften zu respektieren und ihre kritischen Bemerkungen über die Jungen als Kompliment zu verstehen. Manchmal, wenn ich bei Projekten aufgeben möchte, weil sich nichts so entwickelt, wie ich es mir vorstelle, höre ich ihre leise Stimme in mir, die mich mit einem Lächeln auffordert, nicht so kleinmütig zu sein: »Du musst erst eine Pause machen! Und dann konzentriert von vorne anfangen. – Ja. So klingt es schön!«

Kulturelle Einflüsse aus unseren Familien werden allerdings nicht wirksam, nur weil sie vorhanden sind. Musik braucht einen Platz im Leben, in dem sie sich entfalten kann. Sonst besteht die Gefahr, dass Traditionen verloren gehen.

Ich habe mich mit seiner Mutter zum Martinsumzug in unserer Gemeinde verabredet, mit einem echten Pferd und mit einem großen Schattenspiel am Ende in der katholischen Kirche. Unsere Kinder haben sich in der Kita angefreundet und wollen unbedingt gemeinsam hingehen. Ich ahnte nicht, dass es so voll wird, dass wir im Dunkeln kaum durch die drei Straßen bis zur Kirche kommen, ohne überrannt zu werden.

Da erzählt sie, dass es bei ihr als Kind in Westfalen ganz anders war. Wie heute an Halloween zogen die Kinder in Gruppen von Haus zu Haus und sangen Lieder, um Süßigkeiten zu sammeln.

»Sünne Matten, gaue Matten,
Met Appel und met Bernen,
De Nüete sin verrieten.«
Das Lied kenne ich. Das gibt es wirklich? Meine Mutter hat es mir immer
vorgesungen, wenn ich mich als Kind für die Laternenumzüge in Stutt-
gart fertig gemacht habe. Damals war mir das sehr unangenehm. Ich habe
kein Wort verstanden und dachte, sie mache sich über mich lustig.
»Hört Lüe, hört Lüe,
Lat uss nich tau lange staun,
Wi mürt noch seben Meilen gaun,
in usen groten Holsken-Klabolsken…«
Ich kann das noch auswendig, ohne zu wissen, worum es geht. Mein Opa
war Rechtsanwalt in Lübbecke, wo sie mehrfach ausgebombt wurden.
Deswegen musste er mit seiner Familie während des Krieges aufs Land
fliehen. Ich war noch ein Baby, als er in den 1970ern starb. Meine Oma
zog daraufhin an den Tegernsee, um sich an die schönen Urlaube zu erinnern, die sie nach dem Krieg mit ihm dort verbracht hatte. So lernte ich
bei Besuchen nur bayerischen Tourismus kennen und hatte nie einen Bezug zur Heimat meiner Mutter.
Als ich später in der Kirche meine Tochter auf den Arm nehme, damit
sie überhaupt etwas von dem Schattenspiel sehen kann, denke ich mir:
Sie sollte so viel Zeit wie möglich mit den Eltern meiner Frau in der
Schweiz verbringen, solange diese noch am Leben sind. Mit manchen Di-
alekten und Gebräuchen muss man einfach aufwachsen. Die kann man
sich nicht nachträglich erwerben.

Andere familiäre Erfahrungen schreiben wir oft weiter, ohne dass uns das bewusst ist. Musikpräferenzen können sich über Generationen weitertragen und
sich aus der Erinnerung wieder in menschliches Handeln transformieren.

»Da explodierte die dritte Granate. Fünf Meter entfernt, rechts von uns,
spritzte die Erde etwas auf. Ich lag, wie von einem Schlag durchzuckt am
Boden und hörte Wolfgang gellend schreien: ›Hilfe, ich bin verwundet.‹
Und dann sah ich ihn mit nach vorn gebeugtem Oberkörper zum Bunker
rennen. Und dann kam jemand und holte auch mich herein. Und dann
hörte ich viele Explosionen, und es klirrte, und neben mir bückten sich
Menschen oder warfen sich im Bunker auf den Boden. Und dann wurde
alles dumpf, und in mir klang die monotone, immer wieder klagend ab-
fallende Melodie des Trauermarsches von Beethovens 7. Symphonie.«
In den 1980er Jahren war es für einen Jugendlichen noch ungewöhnlich,
einen Vater zu haben, der schon über 60 Jahre alt war. Aber einen, der
als 18-Jähriger im Zweiten Weltkrieg noch Soldat gewesen war, das hatte
außer mir niemand. Dass er dabei eine schwere Rückenverletzung erlitten hatte, wusste ich. Das konnte er nicht verbergen, wenn wir zusammen

schwimmen gingen. Aber über seine Zeit an der Front bei Nijmegen 1944 hat er mit uns Kindern nie gesprochen. Diese Erinnerungen lese ich zum ersten Mal in der Familienchronik, die er mir eines Tages in einem verschlossenen Umschlag mit der Auflage übergab, sie erst nach seinem Tod zu öffnen.

Diese 7. Sinfonie kenne ich gut. Sehr gut sogar. Ich habe sie in meiner Jugend mehr als jede andere von Beethoven geradezu inhaliert. 1987 habe ich sie noch unter Karajan mit den Berliner Philharmonikern gehört.

Ich kann mich nicht erinnern, dass mein Vater jemals besonders reagiert hätte, wenn sie laut auf meinem Plattenspieler lief. Was mag er gedacht haben, wenn ich dann auf meinem Bett lag und ihr lauschte? Als ich begann, aus dieser Klangwelt meine eigene Musik zu spinnen?

Was für ein zweites Leben wurde ihm in diesen Sekunden geschenkt. Im Gegensatz zu seinem Freund Wolfgang, der seine schweren Verletzungen nicht überlebt hatte.

Inzwischen höre ich Beethoven kaum noch. Ich suche hoffnungsvollere Klänge an anderen musikalischen Aufführungsorten. Aber jedes Mal, wenn ich Takte aus diesem Satz höre, weiß ich, wofür ich kämpfen will: Nie wieder! Alle sollen frei atmen dürfen. Dem Rhythmus des Lebens folgen.

Entspann dich!

Überlege dir gut, was du von deinen Feldforschungserlebnissen in der Familie und im Freundeskreis erzählst. Dort bleiben deine Geschichten viel länger in Erinnerung als in deinen Büchern und Aufsätzen.

Wir tragen eine Vergangenheit mit uns herum, die unsere musikalische Identität bereits außerhalb der akademischen Welt geprägt hat. Unbewusst empfinden wir Sympathie für die einen und Antipathie für andere Kulturen. Aber in bestimmten Momenten unseres Berufslebens spüren wir deutlich, warum wir uns für unseren Lebensweg entschieden haben.

Die einen sagen, es sei sicher, abends hier im Viertel auszugehen. Andere meinen, wir weißen Europäer sollten nach Einbruch der Dunkelheit lieber im Hotelzimmer bleiben. Aber dann überzeugt uns eine Brasilianerin, eine Samba-Bar in der Nähe zu besuchen. Wir könnten auf der Straße einfach dem Klang folgen.

Jetzt stehe ich mit meinem Kollegen aus Slowenien am Ende einer schmalen Gasse an einem Berghang, in dessen Ecke sich eine Bar eingenistet hat. Eine Gruppe von fünf Männern und Frauen sitzt draußen um einen Tisch mit Gitarren, Trommeln und Percussion und spielt lautstark Samba, während sich unzählige Menschen um sie herum drängen und mitsingen. Zwischen den Häuserwänden ist ein großes schwarz-rotes Zeltdach gespannt, und Laternen an allen Hauswänden tauchen die Straße in ein fiebriges Licht. Ich finde kaum Platz an einer mit Graffiti besprühten Wand mit Blick auf die Musikerinnen und Musiker.

Bum bum bum-ta, bum bum bum-ta-ta vibriert es aus den tiefen Trommeln direkt in meinen Bauch: »Das ist Leben, das ist Leben!«

Um mich herum sind Menschen portugiesischer, schwarzer und indigener Abstammung, mit dunklen, hellen, langen oder kurz geschorenen Haaren. Nordamerikanische, europäische und asiatische Touristenpaare mischen sich darunter. Ich treffe hochgestylte Frauen in engen Kleidern und solche, die ihre Babys in Tüchern vor der Brust tragen. Männer in teuren Markenklamotten und mit gefärbten Haaren stehen neben solchen in Flip-Flops, Bermudas und karierten Hemden und tanzen mit ihren Freundinnen. Kleine Kinder springen uns zwischen den Beinen herum und rennen immer wieder eine Treppe hinauf, um mit Begeisterung eine schiefe Ebene auf Pappkartons hinunterzurutschen.

Der Caipirinha im Plastikbecher in meiner Hand ist stark und scheint mir das Gefährlichste an diesem Abend zu sein. Durch das Gedränge kommt man leicht durch, wenn man den Leuten einfach die Hand auf die Schulter legt und sich vorsichtig vorbeischiebt. Einige filmen das Geschehen mit ihren iPhones, während ein hagerer Mann in einem schmutzigen T-Shirt eine Plastiktüte hinter sich herzieht und den Müll zwischen uns aufsammelt. Überall sehe ich Werbung für den Präsidentschaftskandidaten Lula.

Tak tak tak, ta-tak tak tak schlägt eine Frau die metallene Handglocke zu einem kehligen Gesang, der tief aus ihrem Körper hervordringt. Der Rhythmus vibriert in mir:

»Das ist die Welt, in der ich leben will.«

Reflexion

Länder repräsentieren sich durch Nationalhymnen. Wir alle tragen ebenso kleine Familienhymnen in uns. Auch wenn wir sie nicht immer zum Klingen bringen.

- Welche familiären Bezüge haben dein Interesse an bestimmten Musikkulturen geweckt?
- Wofür möchtest du mit deiner Forschung politisch eintreten? Wogegen protestieren?
- Mit welcher Musikrichtung möchtest du auf keinen Fall in Verbindung gebracht werden? Was müsste passieren, damit du dich überwinden kannst?

Aufgabe

Spiele mit einer Person deiner Wahl folgende Situation durch: Du musst auf eine einsame Insel ausreisen und darfst nur fünf Musikalben mitnehmen. Für welche entscheidest du dich? Die andere Person spielt einen Zöllner, der dir misstraut und dich zur Rede stellt.

- Wie kannst du deine Auswahl aufgrund deiner Lebenserfahrung begründen?
- In welchen Situationen wirst du unbedingt die Musik auf der Insel brauchen?
- Warum kannst du nicht ganz auf Musik verzichten?

6 Feldarbeit

**Ein Musikstück existiert, solange es wiederholt wird.
Eine Theorie kann sich halten, solange sie angewendet wird.
Eine Aussage bleibt in Erinnerung, solange sie zitiert wird.
Wir müssen das Rad nicht neu erfinden,
sondern es nur am Laufen halten.**

Wenn ich mich heute in meinem Lebensumfeld umblicke, hat sich einiges im Bereich des Musikunterrichts und der Musikpraxis im Verhältnis zu meiner Jugend verändert. Die Klassen sind diverser zusammengesetzt, die didaktischen Konzepte andere und die verschiedenen technischen und medialen Errungenschaften haben viele Situationen grundlegend verändert. Aber das Thema, was Musik den Menschen bedeutet, ist geblieben und lohnt sich, immer wieder neu zu durchdenken.

Reflexion: Was hat sich verändert?

In den folgenden Beispielen wird das Thema der musikalischen Bildung aus unterschiedlichen Perspektiven beleuchtet.

- Lies die Erzählungen und bestimme den Grundkonflikt.
- Welches musikethnologische Thema wird jeweils verhandelt?
- Welche Verhaltensveränderungen werden beschrieben?
- Welche Personen/-gruppe betrifft die Veränderung und wie bewertet das der Autor?

Beispiel 1: Der Sänger

Der 16-jährige Sohn ist mit seiner Mutter und seinen Geschwistern zu meiner Geburtstagsfeier am Nachmittag gekommen. Er sitzt auf dem Sofa und spielt ununterbrochen *Crossy Roads* auf seinem Handy. Seine Schwester und sein jüngerer Bruder wollen ihn überreden, eines unserer Brettspiele zu spielen, aber er tut so, als gäbe es sie nicht. Meine Frau versucht, mit ihm ins Gespräch zu kommen.

»Wie war es denn in den Ferien auf der Chorfreizeit?«

Ohne aufzublicken, meint er: »Super.«

»Was habt ihr denn gesungen?«

»Ach, alles Mögliche. Bach, Mendelssohn, Haydn und so was.« Seine Finger gleiten währenddessen ununterbrochen über die Bildschirmfläche.

»Kannst du uns nicht mal was vorsingen? Du singst doch Solo, oder?«

»Ja, klar. Wenn's sein muss: ›Die eine Nacht verkündet es der anderen…‹ Reicht das?«

Das ist eine der schönsten Tenorstimmen, die ich seit langem gehört habe. Er singt so, als wüsste er bei jedem Wort von Haydns *Schöpfung*, was bildlich und inhaltlich damit ausgedrückt werden soll. Und das, ohne dass er auch nur eine Sekunde aufhört, *Crossy Roads* zu spielen. Wie geht das zusammen?

Aber vielleicht sollte ich in meinem Sessel sitzen bleiben und schweigend staunen. Einfach akzeptieren, dass das für Menschen, die heute aufwachsen, auf unerklärliche Weise nebeneinander möglich ist. Mich freuen, dass musikalische Traditionen trotz aller modernen Entwicklungen nicht untergehen müssen. Ich erfahre schließlich auch nicht, was er von mir denkt, wenn ich als Musikwissenschaftler nur so still dasitze.

Beispiel 2: Die Lehrerin

Als ich meinen Sohn vom Kindertanzen abhole, komme ich mit der deutsch-italienischen Lehrerin ins Gespräch. Unerwartet stellen wir fest, dass wir beide unsere Kindheit in Stuttgart verbracht haben. Ich erzähle ihr, wie wenig Kontakt ich damals zu den italienischen, türkischen und jugoslawischen Kindern in meiner Klasse hatte. Sie erklärt, dass sie als Italienerin trotz guter Noten nach der Grundschule automatisch auf die Hauptschule abgeschoben wurde. Nur durch besondere Förderung eines Ballettlehrers gelang es ihr, ein Selbstbewusstsein zu entwickeln, und über den zweiten Bildungsweg einen höheren Schulabschluss zu erreichen. Damit konnte sie dann Tanzpädagogik studieren.

Jetzt stehen wir beide wieder gemeinsam in einem Klassenzimmer. Die Kinder, die sie gerade unterrichtet, haben Eltern aus bestimmt sieben verschiedenen Ländern. Niemand käme hier auf die Idee, sie deswegen unterschiedlich zu behandeln.

Seit Jahren kritisiere ich in meiner Forschung und in Workshops die
Strukturen des diskriminierenden Musikunterrichts, den ich erlebt habe
und der immer noch weit verbreitet ist. Mit ihrer Arbeit möchte sie den
Kindern vorleben, dass man seinen Berufswunsch auch gegen Widerstände verwirklichen kann. Ich bin mir nicht sicher, ob ihre Arbeit nicht
viel mehr bewirkt als meine.

Beispiel 3: Die Schulklasse

Eine ehemalige Mitstudentin, die Musiklehrerin geworden ist, erzählt
mir, dass sie pubertierende Jugendliche unterrichtet. Die größte Strafe
für die wäre es, wenn sie allein vor der Klasse singen müssten. Das wäre
schlimmer, als sich nackt auszuziehen.

Ich erinnere mich an meine Schulzeit und denke, dass es den meisten von
uns genauso ging. Etwas auf einem Instrument vorzuspielen, das war
vielleicht gerade noch vorstellbar für die, die nebenbei Privatunterricht
hatten. Aber singen im Unterricht – das grenzte schon fast an Miss-
brauch.

Und doch war Musik die Droge unseres Lebens. Wir verbrachten unsere
Nachmittage allein oder zusammen mit nichts anderem als Musik zu hören. Wir sangen auf dem Fahrrad, was uns in den Sinn kam. Wir pfiffen
Lieder in der S-Bahn und grölten Hits auf unseren Partys. Und wenn ich
mal allein zu Hause war, versuchte ich, Lieder von Konstantin Wecker
auf dem Klavier nachzuspielen und dazu zu singen. Das hätte ich jedoch
nie jemandem vorgespielt.

»Aber das Verrückte ist«, sagt die Lehrerin, »meine Schüler lehnen das
Singen in der Schule kategorisch ab. Aber sie bewerben sich alle bei
Deutschland sucht den Superstar.«

Welche Identität bauen sich diese Jugendlichen auf? Warum fühlen sie
sich ausgerechnet von einer Fernsehshow ernst genommen, in der Un-
begabte vor dem gesamten deutschen Publikum der Lächerlichkeit preis-
gegeben werden?

Teilnehmende Beobachtungen enden nicht mit Notizen im Feldforschungstagebuch. Das Gesehene, Gehörte und Wahrgenommene will zusammengefasst, eingeordnet und interpretiert werden. Unabhängig davon, ob wir Bewertungen auf Grundlage einer Theorie vornehmen, ob wir einem Konzept widersprechen oder ob wir etwas völlig Neues entwickeln wollen: Wir müssen uns zum Erlebten positionieren, um den Beschreibungen einen Sinn zu geben. Unsere Interpretationen werden immer vorläufig bleiben. Wir werden auch je nach Perspektive zu unterschiedlichen Einschätzungen gelangen. Deswegen müssen wir diese Schritte üben. Das geht am besten, wenn wir uns in Situationen versetzen, aus denen es kein Entrinnen gibt.

Achtung! Lerne zu bewerten.

In den folgenden Beispielen wird jeweils eine musikalische Szene dargestellt, aus der sich für den Autor ein Konflikt ergibt.

- Lies die Erzählungen durch und überlege, welche musikethnologischen Fragen hier beispielhaft dargestellt werden.

- Welche allgemeinen Tendenzen lassen sich aus den Beispielen ableiten?

- Welche Bewertungen der Situationen sind möglich?

- Schreibe die Erzählungen mit deiner Interpretation zu Ende.

Beispiel 1: Beim Osterfeuer

Vor einigen Jahren haben wir das Osterfeuer in Frohnau entdeckt, das
am Nachmittag des Ostersamstags auf dem Zeltinger Platz abgebrannt
wird. Die Jugendgruppen der Freiwilligen Feuerwehr betreuen es mit be-
eindruckendem Verantwortungsbewusstsein. Viele sympathische Berliner Familien reisen mit der S-Bahn an, um das Spektakel bei einem ge-
mütlichen Picknick auf der Wiese darum zu genießen. Wir sind schon
oft mit Bekannten oder Verwandten, die uns zu Ostern besucht haben,
hierhergefahren. Alle waren begeistert.
Leider haben die Veranstalter in diesem Jahr eine Musikanlage ange-
schafft und große Lautsprecher auf dem Feuerwehrauto aufgestellt.
Plötzlich dröhnen uns lautstark Lieder wie »Ich bin solo«, »Scheiß drauf«
und andere Hits in einer Mischung aus Après-Ski und Mallorca-Disco
entgegen.
Was zum Teufel soll diese klangliche Gentrifizierung? Es ist wie auf den
Weihnachtsmärkten, die irgendwann anfingen, aus allen Buden amerikanischen Weihnachtspop zu dudeln und die Kinder mit ihren Flöten
und Trompeten, die an den Straßenrändern Weihnachtslieder spielten,
zu vertreiben...

Beispiel 2: In der Mensa

Es gibt nichts Schlimmeres als das Essen in der Mensa dieser Musikhoch-
schule. Aber das ist für mich der einzige Ort, an dem ich unauffällig den
Gesprächen der Studierenden lauschen kann. Die gutaussehende Blon-
dine am Nebentisch zum Beispiel klagt einer Freundin ihr Leid.
»In den Beratungsgesprächen fand er immer alles gut, was ich mache. Er
hat mich sogar ermutigt, weiter in der Richtung zu forschen, und mir
eine Assistentenstelle in Aussicht gestellt. Aber jetzt hat er mich bei der
Masterarbeit einfach durchfallen lassen. Ich verstehe das einfach nicht...«
Ich wende meine Ohren in die andere Richtung, wo ein paar deutsche
Studenten fröhlich feixend zusammensitzen.
»Diese ›Ching Chang Chong‹-Geigerinnen gehen mir langsam echt auf
die Nerven. Die halten sich wohl für was Besseres. Dabei verstehen die
nicht mal, was der Dirigent von ihnen will...«
Direkt daneben sitzen die asiatischen Studierenden unter sich. Die Deut-
schen glauben nicht, dass sie sie verstehen, oder es ist ihnen egal. Dahin-
ter sitzen die Russisch Sprechenden, von denen das Gerücht herumgeht,
dass sie mit ihrem Stil die Klaviere in den Übungsräumen kaputt hauen.
Mitten in der internationalen Hochschule scheint in der Mensa ein
Apartheidregime zu herrschen.
»Was soll ich denn machen«, sagt da eine Studentin neben mir zu ihrem
Freund. »Der Jonas spielt in der Szene eben den Liebhaber. Ich kann doch

nicht dem Regisseur sagen, dass ich mich belästigt fühle, wenn er mir
während des Duetts halb im Ausschnitt hängt. Das ist doch unprofessio-
nell, oder?«
Ich denke an meine Jugend zurück. Da waren diejenigen, die Orchester-
instrumente lernten, die absoluten Außenseiter. Von denen die Gesangs-
unterricht nahmen, gar nicht zu sprechen. Ich kenne niemanden, der wegen seiner Vorliebe für klassische Musik nicht geärgert, ausgegrenzt oder
gemobbt wurde. Wann und warum kippt das plötzlich bei denen, die sich
in diesem Bereich professionalisieren?…

Beispiel 3: Nach dem Kneipenbesuch

Liegt es daran, dass wir viel zu lange in der Studentenkneipe »Storchen«
in der verschlafenen Tübinger Altstadt abgehangen haben, anstatt uns
irgendwo richtig zu amüsieren? Auf jeden Fall sind wir genervt von unserer eigenen Langeweile und von all den alternativen Pärchen, die Arm
in Arm durch die dunklen, fast menschenleeren Gassen schleichen, obwohl es noch nicht einmal 23 Uhr ist.
Ich laufe mit einer Gruppe von Freunden ziellos umher, in der Hoffnung,
irgendwo eine Kneipe zu finden, die länger als bis Mitternacht geöffnet
hat. Da fängt einer von uns an, lauthals den immer gleichen Refrain zu
grölen:
»Sometimes, I wish I were an angel,
Sometimes, I wish I were you.«
Dabei intoniert er das »a« von »angel« mit einer durchdringenden Kopf-
stimme in einer Länge, die die historischen Fensterscheiben des Rathau-
ses zum Wackeln bringen könnte. Mit seinem Zopf am Hinterkopf, der
noch aus der Zivildienstzeit stammt, ist er äußerlich gar nicht so weit von
der *Kelly Family* entfernt, denke ich im Stillen.
Schnell verschwinden die alternativen Studentenpaare in Nebengassen.
Ich warte nur darauf, dass plötzlich in einem Haus das Licht angeht, ein
Fenster geöffnet wird, jemand »Ruhe!« brüllt und mit der Polizei droht.
Aber wie kann man so einen Ohrwurm abstellen?…

Der teilnehmenden Beobachtung wird immer wieder vorgeworfen, dass sie Erlebnisse nur subjektiv beschreiben und bewerten kann. Die Leserschaft hat kaum
die Möglichkeit, die Berichte zu hinterfragen, da sie bei den Ereignissen nicht
dabei war. Umso wichtiger ist es in der musikethnologischen Forschung, die eigene Position mit den Vorerfahrungen, dem vorhandenen Wissen und der Perspektive auf das Geschehen während der Feldforschung offen zu legen. Dadurch
wird es der Leserschaft zumindest ermöglicht, sich ein Bild von dem sozialen Ge-
füge zu machen, aus dem die Beobachtungen stammen, und den Blick des Forschenden zu erkennen. Diese Positionierung ist je nach Situation anders und
kann auch an Beispielen, die man nicht erlebt hat, eingeübt werden.

Aufgabe: Erkenne deine Position.

In den folgenden Beispielen beschreibt der Erzähler, was
er klanglich wahrnimmt und wie es ihn zum Nachdenken
über seine Lebenserfahrungen anregt.

- Lies die Erzählungen und achte auf die Beziehung
  zwischen der Situation und dem Erzähler.
- Welche Perspektive nimmt er dem musikalischen
  Handeln gegenüber ein?
- Was wäre deine Perspektive, würdest du dich in der
  Rolle des Autors befinden?
- Beschreibe, wie du reagieren würdest.

Beispiel 1: Musik konsumieren

Wenn ich mich recht erinnere, bin ich in der Mittelstufe mittags nach Hause gekommen, habe etwas gegessen, dann halbherzig meine Hausaufgaben hingeschmiert, mich aufs Bett gelegt und den Rest des Nachmittags Musik gehört.

Das fand ich eigentlich ganz in Ordnung. Mehr brauchte ich nicht. Ein bisschen fühlte ich mich wie der starke Wanja aus dem Kinderbuch. Der lag sieben Jahre lang, ohne zu sprechen, auf dem Ofen seiner Eltern und aß Sonnenblumenkerne, bis er stark genug war, das Dach vom Haus zu heben.

Da lese ich in einer Wochenzeitung, dass während der Corona-Pandemie viele Schülerinnen und Schüler nur halb so viel am Tag gelernt haben sollen wie sonst. Bildungsökonomen schlagen Alarm. Sie rechnen vor, dass ein Dritteljahr ohne Unterricht die Kinder im Durchschnitt drei bis vier Prozent ihres Lebenseinkommens kosten wird. Was für eine irrwitzige Rechnung! Wer weiß, was die Jugendlichen in dieser Zeit gemacht haben?

Ich wäre ohne diese Phase des passiven Zuhörens beruflich nie da, wo ich heute bin. Ich würde auch nur halb so viel Empathie für andere empfinden, ohne diese Verinnerlichung von Gefühlen, die sich in Tönen ausdrücken. Vor allem aber hätte ich diese Jahre nicht überlebt, wenn ich nicht an vielen Nachmittagen völlig abgeschaltet und mich in eine Welt aus Klängen und Farben zurückgezogen hätte.

Beispiel 2: Rituale erleben

Ich soll an einer Hochschule eine mündliche Prüfung in Musikgeschichte abnehmen. Die Studentin hat sich für Strawinskys *Le sacre du printemps* entschieden. Gut vorbereitet berichtet sie, dass das Stück wegen seiner neuartigen Musik und der Darstellung einer heidnischen Opferzeremonie bei der Uraufführung einen Tumult ausgelöst habe. Das sei heute kaum noch nachvollziehbar.

Ich erinnere mich an meine Erlebnisse bei einem Dorfahnenfest in Kamerun, an dem ich teilnehmen und filmen durfte. Einen ganzen Tag lang wurde in einem heiligen Hain am Berghang oberhalb des Dorfes gefeiert. Erst gab es zu essen und zu trinken, dann predigten die Dorfältesten und der christliche Pfarrer über die Verstorbenen. Schließlich baten sie um ihren Segen für die Familien und die Ernte.

Danach stimmten alle Gesänge an, während sie die Opfergaben für die Ahnen in einem Korb den Berg hinauftrugen und an einer verborgenen Stelle ablegten. Zunächst ruhig getragen, wurden die sich wiederholenden Zeilen immer schneller, rhythmischer und ekstatischer. Die Dorfbevölkerung begann dicht gedrängt zu tanzen. Diese Stimmung riss auch mich mit. Ich musste mich konzentrieren, um das alles noch aus einer halbwegs objektiven Kameraperspektive aufnehmen zu können. Man spürte förmlich, wie sich die Stimmung durch das gemeinsame Singen und Tanzen aufheizte und ihren Anliegen wirklich Kraft verlieh.

Bei der Interpretation der Studentin bin ich mir nicht sicher. War es wirklich die damals neuartige Musik, die das Publikum in Aufruhr versetzte? Oder war es die Dynamik des Rituals auf der Bühne, auf das die Zuhörenden im Saal ganz angemessen reagierten? Fehlt der Studentin nicht einfach die Erfahrung eines vergleichbaren Rituals?

Beispiel 3: Konzerte besuchen

Der Jazzclub ist klein. Ich musste mich beeilen, um zwei Karten für dieses Konzert zu bekommen. Aber ich wollte unbedingt die Improvisationen dieses Ausnahmekünstlers auf dem Klavier live hören. Es ist das erste Mal seit der Geburt unserer Kinder, dass wir abends allein ausgehen.

Wie gut es tut, die Alltagssorgen und alles Organisatorische für einen Moment vergessen zu können und einfach nur der bezaubernden Musik zu lauschen. Allerdings gelingt es mir nicht sofort, in den Klang einzutauchen. Mein Kopf ist viel zu sehr damit beschäftigt, herauszufinden, in welchen Tonarten der Jazzpianist spielt und wie er aus einzelnen Motiven seine Stücke entwickelt. Ich möchte mir unbedingt etwas von ihm abschauen, aber ich habe das Gefühl, dass er das nicht so einfach zulässt. Nach drei Stücken unterbricht er sein Konzert und macht eine kurze Ansage: »Good evening, everybody. Let's have some tea together.«

Das meint der ernst! Wir sollen ihm alle auf die Hinterbühne folgen, wo Tee in Thermoskannen bereitsteht. Er verteilt das heiß dampfende Getränk an alle, die sich trauen mit ihm zu teilen. Meine Frau sieht mich überrascht an: Dafür bezahlen wir an diesem Abend die Babysitterin? Doch dann überwinden wir uns und drängen uns mit den anderen in die Künstlergarderobe. Wir lauschen den Erzählungen aus seinem Tourleben und tauschen uns mit wildfremden Leuten darüber aus, wie wir auf diesen Musiker aufmerksam geworden sind.

Als nach gefühlt einer Viertelstunde alle ihre Tassen geleert haben, setzen wir uns wieder zurück in den Saal und er spielt weiter. Plötzlich klingen die Stücke ganz anders und ich kann, ohne nachzudenken und zu analysieren, den Klängen folgen und alles andere für diesen Abend vergessen.

Für musikethnologisch Forschende stellt sich immer wieder die Aufgabe, von einzelnen qualitativen Erlebnissen auszugehen, darauf aufbauend Musikszenen ethnographisch zu beschreiben und schließlich daraus allgemeine Theorien abzuleiten. Der Ansatz, von der Basis und nicht von einem bestehenden Konzept auszugehen, ist das Spannende und Schwierige zugleich. Dazu braucht es nicht nur verschiedene Kompetenzen, sondern manchmal einfach ein Vertrauen in die eigene Intuition. Diese lässt sich allerdings nur durch Übung stärken.

Entspann dich! Folge deiner Intuition.

In den folgenden Beispielen beschreibt der Erzähler, welche Rolle Intuition in seiner wissenschaftlichen Arbeit spielt.

- Lies die Erzählungen und analysiere unterschiedlichen Formen von Intuition.
- Welche besondere Gabe zur Intuition besitzt du, die du in deinen Forschungen verwenden könntest?
- Was könntest du jetzt sofort unternehmen, um deine Intuition zu stärken?
- Schreibe dir alle diese Ideen in dein nächstes Feldforschungstagebuch. Die Zeit wird kommen, wenn du dich daran erinnern möchtest.

Beispiel 1: Improvisation

Ich schaukle meinen dreijährigen Sohn auf dem Spielplatz in einer Nest-schaukel und überlege, wie ich abends, wenn er endlich eingeschlafen ist, meinen Aufsatz fertig schreiben kann. Der ist schon zwei Wochen über-fällig und ich finde einfach kein gutes Fazit.

Da fängt er vor Freude an zu singen:

»Die Schnecken, die Schnecken,
Sie fliegen davon
Mit ihren Schnäbeln!
Lala lala la, lala lala la
Lala Umfallen, lala Umfallen, lala Umfallen.«

Vor ein paar Jahren habe ich einmal 250 Euro für einen Wochenend-workshop in Schauspielimprovisation ausgegeben. Der Dozent brauchte drei Tage, bis ich wieder in der Lage war, ohne Hemmungen spontan ähnlich assoziative Texte zu erfinden.

Vielleicht lerne ich in diesem Moment viel mehr, als wenn ich abends müde am Computer sitze und mich mit wissenschaftlichen Texten quäle. Liedtexte folgen manchmal einer ganz eigenen Logik, die sich nicht rati-onal erklären lässt.

Beispiel 2: Nachdenken

Nach Jahrzehnten sitze ich wieder in einer Stuttgarter U-Bahn und sehe, dass an den Wänden über den Fenstern die Reihe »Lyrik unterwegs« im-mer noch fortgesetzt wird. Anstelle von Werbeplakaten sind dort monat-lich wechselnde Gedichte aus allen Jahrhunderten abgedruckt. Schon als Jugendlicher habe ich sie gerne gelesen, wenn ich auf dem Weg zum Kla-vierunterricht oder in die Stadt war, um mir im Musikhaus »Lerche« von meinem ersparten Geld ein neues Album zu kaufen. Eine solche Fahrt war genau die richtige Situation und ein angemessener Zeitrahmen, um die wenigen Zeilen mehrmals zu lesen und wegzuträumen, während die Stadt und der Verkehr auf den Straßen an mir vorbeizogen.

Wenn ich es mir recht überlege, hatte ich nie ein Interesse daran, unter-wegs Walkman zu hören oder Bücher zu lesen. Dafür habe ich damals angefangen, immer ein kleines Notizbuch dabei zu haben und meine ei-genen Gedanken aufzuschreiben, die sich vielleicht mal als Liedtexte eig-nen könnten.

Man muss nicht immer dicke Bücher wälzen. Manchmal reichen ein paar Zeilen und viel Zeit zum träumenden Nachdenken. Daraus kann unter Umständen mehr entstehen.

Beispiel 3: Pause

Morgens schaue ich kurz auf den Stadtplan und nehme dann die U-Bahn, die mich am schnellsten vom Hotel zu einem der großen Parks bringt. Ich kenne mich in Peking nicht aus, also ist es egal, in welchem ich genau lande.

Dort sind außer mir keine Touristen, nur die Stadtbevölkerung, die Sport treibt, Tai Chi praktiziert oder Paartanz übt. Auf der Wiese probt ein großer Chor, oder besser gesagt, es treffen sich Menschen, die das Bedürfnis verspüren, gemeinsam zu singen. Ich setze mich auf eine Bank neben einen Pavillon und höre einem alten Mann zu, der ganz in sich versunken auf seiner Erhu spielt. Nach einigen Minuten bemerkt er den ungewöhnlichen Zuhörer neben sich, lächelt mir freundlich zu und spielt dann seelenruhig weiter.

Hier bin ich richtig. Es war eine gute Entscheidung, an diesem Tag keine Führung auf der Chinesischen Mauer mit den Kolleginnen und Kollegen zu machen, mit denen ich mich in dieser Woche hier zu einer Konferenz treffe. Ich habe mir in den letzten Tagen genug Vorträge angehört und diskutiert, neue Kontakte geknüpft und abends den Auftritten von Musikensembles in den Konferenzsälen gelauscht. Aber im Grunde ist mein Platz unter diesen Menschen. Je länger ich hier sitze und zuhöre, desto mehr merkt der alte Mann, dass es mir mit meinem Interesse an seiner Musik wirklich ernst ist. Ohne dass wir uns verständigen können, spüre ich eine freundschaftliche Übereinstimmung zwischen uns, die uns ohne Worte verbindet. Für so einen Moment hat sich die Reise schon gelohnt.

7 Danksagung

Es war ein abgelegenes Ferienresort an einem Strand in der Nähe von East London 2010, an dem ich das erste Mal die Motivation verspürte, einzelne Erlebnisse in dieser Form niederzuschreiben. Weitere Teile entstanden ebenso unterwegs, wenn ich zwischen Arbeit, Familie und Freundeskreis im Zug hin und her pendelte. Vielleicht verstehen alle Beteiligten durch dieses Buch etwas besser, woher mein Reise- und Erlebnisdrang kommt.

Die endgültige Form hat dieses Buch erst in Auseinandersetzung mit anderen gefunden. Ich danke besonders Maren und den Produkten des Vereins *Andere Zeiten* für die Inspiration, Wendelin beim Brainstormen zum Buchtitel sowie Laura, Benjamin und Niels für das Lesen von verschiedenen Versionen der Texte und ihr kritisches Feedback. Die Zahl der Menschen, denen ich für die Erfahrungen danke, die ich mit ihnen zusammen machen durfte, ist endlos. Besonders erwähnen möchte ich meinen Klavierlehrer Wieland Kleinbub, der mir die Freude am intuitiven Spielen vermittelte, meiner Gesangslehrerin Linda Becker, die mich das Loslassen unterrichtete, und Thomas Kliche, der mir den Kopf dafür öffnete, das West-Berliner Konzert- und Opernleben mit allen Sinnen aufzunehmen. Christian Kaden nahm mich immer mit auf seine Suche nach dem, was Musik sein könnte. Von Raimund Vogels lernte ich alle Herausforderungen internationalen Austausches zu meistern und die Schwierigkeiten als Geschenk anzunehmen. Heinrich Balz inspirierte durch seine erzählenden und theologischen Briefe aus Kamerun, Tansania und dem Kongo viele meiner Notizen. Andere Personen sollen anonym bleiben, sie bleiben dennoch einzigartig für mich und klingen beständig aus so viel Musik in meinem Leben. Hoffentlich kann ich mit diesen Berichten zeigen, wie wertvoll mir die Zeit mit ihnen war. Ich danke meiner Frau und meinen Kindern, dass sie mich mit all meinen Eigenarten und musikalischen Vorlieben durch den Alltag und das Leben begleiten.

Die Abbildungen in diesem Buch stammen von Altrud Nitschke, geb. Hahler (1938-2015), meiner Mutter, die schon in meiner Jugend Bilder zu Musicalaufführungen von mir in der Schule anfertigte. Ihr unermüdliches Zeichnen von unterschiedlichen Personen in allen möglichen Situationen war möglicherweise von einem ähnlichen Interesse am menschlichen Leben geprägt wie meines im Bereich des Musiklebens.

8 Anhang

Die folgende Bibliographie listet Bücher auf, die mich in meiner Auseinandersetzung mit Musik inspiriert haben. Zwischen meinen Erzählungen und diesen Veröffentlichungen bestehen Zusammenhänge, die ich im Text nicht immer explizit gemacht habe. Ich schließe mich nicht allen Aussagen der Autorinnen und Autoren an. An manchen Stellen unterscheiden sich meine Erfahrungen von ihren Darstellungen. Aber nichts ist für mich inspirierender als Widersprüche, die es auszuhalten gilt.

Eine musikalische Autoethnographie

Atkinson, Paul. 2007. *Handbook of Ethnography*. Los Angeles: Sage Publications.

Atkinson, Paul und Martyn Hammersley. 1998. »Ethnography and participant observation«, in: *Strategies of Qualitative Inquiry. Thousand Oaks*, hrsg. von Norman Denzin und Yvonna Lincoln. Los Angeles: Sage Publications, S. 248–261.

Alge, Barbara (Hg.). 2021. *Musikethnographien im 21. Jahrhundert*. Baden-Baden: Nomos.

Barley, Nigel. 1983. *The Innocent Anthropologist*. London: British Museum Publications.

Barz, Gregory und Timothy Cooley (Hrsg.). 2008. *Shadows in the Field: New Perspectives for Fieldwork in Ethnomusicology*. New York: Oxford University Press.

Barz, Gregory und William Cheng (Hrsg.). 2019. *Queering the Field: Sounding Out Ethnomusicology*. New York: Oxford University Press.

Bochner, Arthur und Carolyn Ellis (Hrsg.). 1996. *Composing Ethnography: Alternative Forms of Qualitative Writing*. Walnut Creek, Altamira Press.

Bönisch-Brednich, Brigitte. 2012. »Autoethnografie: Neue Ansätze zur Subjektivität in kulturanthropologischer Forschung«, in *Zeitschrift für Volkskunde* 108.1, S. 47–63.

DeWalt, Kathleen Musante und Billie DeWalt. 2011. *Participant Observation: A Guide for Fieldworkers*. Lanham: Altamira Press.

Emerson, Robert, Rachel Fretz und Linda Shaw. 2020. *Writing Ethnographic Fieldnotes*. Chicago: University of Chicago Press.

Gilman, Lisa und John Fenn (Hrsg.). 2019. *Handbook for Folklore and Ethnomusicology Fieldwork*. Bloomington: Indiana University Press.

Hauser-Schäublin, Brigitta. 2020. »Teilnehmende Beobachtung«, in *Methoden ethnologischer Feldforschung*, hrsg. von Bettina Beer und Anika König. Berlin: Dietrich Reimer Verlag, S. 35–53.

Myers, Helen. 1992. *Ethnomusicology: An Introduction*. New York: W.W. Norton.

Näumann, Klaus und Gisela Probst-Effah. 2021. *Musikethnologische Feldforschung: Historische und gegenwartsbezogene Perspektiven*. Berlin: Logos Verlag.

Ploder, Andrea und Johanna Stadlbauer. 2013. »Autoethnographie und Volkskunde? Zur Relevanz wissenschaftlicher Selbsterzählungen für die volkskundlich-kulturanthropologische Forschungspraxis«, in *Österreichische Zeitschrift für Volkskunde* 116, 3-4, S. 373–404.

Spittler, Gerd. 2001. »Teilnehmende Beobachtung als Dichte Teilnahme«, in *Zeitschrift für Ethnologie*, S. 1–25.

Spradley, James. 2016. *Participant Observation*. Long Grove: Waveland Press.

Musik hören

Berendt, Joachim-Ernst. 1983. *Die Welt ist Klang: Nada Brahma*. Frankfurt am Main: Insel.

Berendt, Joachim-Ernst. 1988. *Das Dritte Ohr: Vom Hören der Welt*. Reinbek: Rowohlt.

Breier, Albert. 2002. *Die Zeit des Sehens und der Raum des Hörens: Ein Versuch über chinesische Malerei und europäische Musik*. Stuttgart: J.B. Metzler.

de la Motte-Haber, Helga. 1986. »Zum Raum wird hier die Zeit«, in *Österreichische Musikzeitschrift* 41.6, S. 282–288.

Hood, Mantle. 1971. *The Ethnomusicologist*. New York: McGraw-Hill Book.

Kaden, Christian. 2004. *Das Unerhörte und das Unhörbare: Was Musik ist, was Musik sein kann*. Kassel: Bärenreiter.

Kalisch, Volker (Hrsg.). 2016. *Musiksoziologie.* Laaber: Laaber.

Mbiti, John. 1969. *African Religions and Philosophy.* New York: Praeger.

Morat, Daniel und Hansjakob Ziemer (Hrsg.). 2018. *Handbuch Sound: Geschichte – Begriffe – Ansätze.* Stuttgart: Metzler.

Nitschke, August. 1994. *Die Zukunft in der Vergangenheit: Systeme in der historischen und biologischen Evolution.* München: Piper.

Schafer, Murray. 1977. *The Soundscape: The Tuning of the World.* New York: Knopf.

Smith, Bruce R. 1999. *The Acoustic World of Early Modern England: Attending to the O-Factor.* Chicago: University of Chicago Press.

Thorau, Christian und Hansjakob Ziemer (Hrsg.). 2019. *The Oxford Handbook of Music Listening in the 19th and 20th Centuries.* New York: Oxford University Press.

Volmar, Axel und Jens Schröter (Hrsg.). 2013. *Auditive Medienkulturen. Techniken des Hörens und Praktiken der Klanggestaltung.* Bielefeld: transcript.

Wade, Bonnie. 2004. *Thinking Musically: Experiencing Music Expressing Culture.* New York: Oxford University Press.

Walter, Michael. 1994. *Grundlagen der Musik des Mittelalters: Schrift – Zeit – Raum.* Stuttgart: Metzler.

Wendorff, Rudolf. 1980. *Zeit und Kultur: Geschichte des Zeitbewusstseins in Europa.* Wiesbaden: Westdeutscher Verlag.

Musik machen

Blacking, John. 1973. *How Musical is Man?* Seattle: University of Washington Press.

Burnard, Pamela. 2012. *Musical Creativities in Practice.* New York, Oxford University Press, 2012.

Cameron, Julia. 2001. *Der Weg des Künstlers.* München: Knaur.

Green, Lucy (Hrsg.). 2011. *Learning Teaching and Musical Identity: Voices Across Cultures.* Bloomington: Indiana University Press.

Hill, Juniper. 2018. *Becoming Creative: Insights from Musicians in a Diverse World*. New York: Oxford University Press.

Sawyer, Keith Robert. 2012. *Explaining Creativity: The Science of Human Innovation*. New York: Oxford University Press.

Small, Christopher. 1998. *Musicking: The Meanings of Performing and Listening*. Hanover: University Press of New England.

Solís, Ted (Hrsg.). 2004. *Performing Ethnomusicology: Teaching and Representation in World Music Ensembles*. Berkeley: University of California Press.

Turino, Thomas. 2008. *Music As Social Life: The Politics of Participation*. Chicago: University of Chicago Press.

Werner, Kenny. 1996. *Effortless Mastery. Liberating the Master Musician Within*. New Albany: Jamey Aebersold Jazz.

Musik fühlen

Becker, Judith. 2004. *Deep Listeners: Music, Emotion, and Trancing*. Bloomington: Indiana University Press.

Coelho, Paulo. 2013. *Die Schriften von Accra*. Zürich: Diogenes.

Gibran, Khalil. 1925. *Der Prophet*. München: Hyperion.

Juslin, Patrik und John Sloboda (Hrsg.). 2012. *Handbook of Music and Emotion: Theory Research Applications*. Oxford: Oxford University Press.

Levitin, Daniel. 2006. *This Is Your Brain on Music: Understanding a Human Obsession*. London: Atlantic Books.

Sacks, Oliver. 2007. *Musicophilia: Tales of Music and the Brain*. New York: Knopf.

Musik verstehen

Feld, Steven. 1982. *Sound and Sentiment: Birds Weeping Poetics and Song in Kaluli Expression*. Philadelphia: University of Pennsylvania Press.

Fox, Kate. 2004. *Watching the English: The Hidden Rules of English Behaviour*. London: Hodder & Stoughton.

Godøy, Rolf Inge und Marc Leman (Hrsg.) 2010. *Musical Gestures: Sound, Movement, and Meaning*. New York: Routledge.

Khan, Hazrat Inayat. 1984. *Musik und kosmische Harmonie aus mystischer Sicht.* Heilbronn: Verlag Heilbronn.

Kubik, Gerhard. 2004. *Zum Verstehen afrikanischer Musik. Aufsätze.* Berlin: Lit.

Merriam, Alan. 1964. *The Anthropology of Music.* Evanston: Northwestern University Press.

Nettl, Bruno und Philip Bohlman. 1989. *Comparative Musicology and Anthropology of Music. Essays on the History of Ethnomusicology.* Chicago: University of Chicago Press.

Perlmutter, Julian. 2020. *Sacred Music Religious Desire and Knowledge of God: The Music of Our Human Longing.* London: Bloomsbury Academic.

Seeger, Anthony. 1987. *Why Suyá Sing: A Musical Anthropology of an Amazonian People.* Cambridge: Cambridge University Press.

Musik leben

Beiche, Michael und Albrecht Riethmüller (Hrsg.). 2006. *Musik – Zu Begriffen und Konzepten: Berliner Symposion zum Andenken an Hans Heinrich Eggebrecht.* München: Franz Steiner.

Dorschel, Andreas. 2007. »Das anwesend Abwesende: Musik und Erinnerung«, in *Resonanzen. Vom Erinnern in der Musik,* hrsg. von Andreas Dorschel. Wien: Universal Edition, S. 12–29.

Eggebrecht, Hans Heinrich. 1997. *Die Musik und das Schöne.* München: Piper.

Frith, Simon. 1992. »Zur Ästhetik der Populären Musik«, in *PopScriptum 1 – Begriffe und Konzepte,* S. 68–88.

Fuhr, Michael und Cornelia Gruber (Hrsg.). 2024. *Musik, Erinnern und Kulturelles Gedächtnis – Music, Remembering, and Cultural Memory.* Hildesheim: Universitätsverlag Hildesheim.

Geertz, Clifford. 1888. *Works and Lives: The Anthropologist as Author.* Stanford: Stanford University Press.

Herr, Corinna und Wolfgang Rüdiger (Hrsg.). 2024. *Mensch – Musik –Wissenschaft. Festschrift für Volker Kalisch.* Paderborn: Brill/Fink.

Jaszoltowski, Saskia. 2022. *Erinnerungsorte in der Musik.* Berlin: De Gruyter.

MacDonald, Raymond, David Hargreaves und Dorothy Mill (Hrsg.). 2017. *Handbook of Musical Identities.* Oxford: Oxford University Press.

Nieper, Lena und Julian Schmitz. 2016. *Musik als Medium der Erinnerung. Gedächtnis – Geschichte – Gegenwart.* Bielefeld: transcript.

Pettan, Svanibor und Jeff Todd Titon (Hrsg.). 2015. *The Oxford Handbook of Applied Ethnomusicology.* Oxford: Oxford University Press.

Rötter, Günther (Hrsg.). 2017. *Handbuch Funktionale Musik. Psychologie – Technik – Anwendungsgebiete.* Wiesbaden: Springer.